AF559616

बादशाही अँगूठी

बादशाही अँगूठी

सत्यजित राय

अनुवाद
हंसकुमार तिवारी

राधाकृष्ण प्रकाशन

ISBN : 978-81-8361-243-2

बादशाही अँगूठी

इस रूप में पहली बार : 2008
पाँचवाँ संस्करण : 2026

मूल्य : ₹495

प्रकाशक
राधाकृष्ण प्रकाशन प्राइवेट लिमिटेड
जी-17, जगतपुरी, दिल्ली-110 051
शाखाएँ : अशोक राजपथ, साइंस कॉलेज के सामने, पटना-800 006
पहली मंजिल, दरबारी बिल्डिंग, महात्मा गांधी मार्ग, प्रयागराज-211 001
1, अनमोल सोराबजी संतुक लेन, धोबी तलाव, मरीन लाइंस, मुम्बई-400 002
वेबसाइट : www.radhakrishnaprakashan.com
ई-मेल : info@radhakrishnaprakashan.com

मुद्रक
बी.के. ऑफसेट
नवीन शाहदरा, दिल्ली-110 032

BAADSHAHI ANGOOTHI
Novel by Satyajit Roy

1

पिताजी ने जब कहा, "तेरे धीरू काका बड़े दिनों से कह रहे हैं, सो सोचता हूँ कि इस बार पूजा की छुट्टी लखनऊ में ही बिताऊँ"–तो मेरा मन मायूस ही हो गया। मेरा ख्याल था, लखनऊ बड़ी वाहियात-सी जगह है। मगर पिताजी ने यह भी कहा कि वहाँ से हम लोग हरिद्वार और लछमन झूला भी हो आएँगे, लेकिन वह आखिर कितने दिनों के लिए? इसके पहले हर छुट्टी में या तो दार्जिलिंग या पुरी जाता रहा हूँ। मुझे पहाड़ भी अच्छा लगता है और समुद्र भी। लखनऊ में इन दोनों में से कोई भी नहीं है। इसीलिए मैंने पिताजी से कहा, "हम लोगों के साथ फेलू-दा नहीं चल सकता है?"

फेलू-दा कहता है कि वह कलकत्ता छोड़कर कहीं भी क्यों न जाए, उसे लेकर रहस्यजनक घटनाएँ हो जाती हैं और यह सच भी है, जिस बार वह हम लोगों के साथ दार्जिलिंग में था, उसी बार राजेन बाबू के साथ वे अनोखी घटनाएँ घटीं। यदि वैसा ही हो, फिर तो जगह अच्छी न होने पर भी कोई नुकसान नहीं है।

पिताजी ने कहा, "फेलू तो चल ही सकता है, लेकिन उसने नई नौकरी जो शुरू कर दी है, छुट्टी मिलेगी?"

फेलू-दा से लखनऊ का जिक्र करते ही वह बोला, "फिफ्टी एट में क्रिकेट खेलने के लिए गया था। जगह बिलकुल बुरी नहीं है। बड़े इमामबाड़े के भूलभुलैया में कहीं घुस जाएँ तो तेरी आँखें और मन एक ही साथ चौंधिया जाएँगे। नवाब-बादशाहों का इमेजिनेशन कैसा था–बाप रे बाप!"

"तुम्हें छुट्टी तो मिल जाएगी न?"

मेरी बातों पर जरा भी कान न देकर फेलू-दा ने कहा, "सिर्फ भूलभुलैया ही क्यों, गोमती नदी के उस पार मंकी ब्रिज देखना; सिपाहियों की तोपों के गोलों से तबाह हुई रेज़िडेंसी देखना।"

"यह रेज़िडेंसी क्या बला है?"

"यह 1857 की क्रान्ति में गोरों का अड्डा था। उसे घेरकर गोले बरसाकर सिपाहियों ने झंझरी कर दिया था। गोरों ने तहखाने में छुपकर अपनी जान बचाई।"

फेलू-दा ने दो साल से यह नौकरी की है। पहले साल उसने कोई छुट्टी नहीं ली। लिहाजा पन्द्रह दिन की छुट्टी पाने में उसे कोई कठिनाई नहीं हुई।

यहाँ यह बता दूँ, फेलू-दा मेरा मौसेरा भाई है। मेरी उम्र चौदह और उसकी सत्ताईस है। उसे कोई अधपगला कहता है, कोई कल्पनाशील कहता है, तो कोई महाआलसी। मैं मगर जानता हूँ कि इतनी उम्र में फेलू-दा जैसी बुद्धि बहुत कम ही लोगों को होती है और उसके मन लायक काम मिले, तो उसके जैसा परिश्रम भी बहुत कम ही आदमी कर सकते हैं। इसके अलावा वह क्रिकेट अच्छा खेलता है, कोई सौ किस्म के इनडोर गेम यानी कमरे में बैठकर खेले जानेवाले खेल जानता है, ताशों का जादू जानता है, थोड़ा-बहुत हिप्नोटिज़्म जानता है, दाएँ और बाएँ—दोनों हाथों से लिखना जानता है और जब स्कूल में पढ़ता था तो उसकी याददाश्त इतनी तेज थी कि उसने महज दो ही बार पढ़कर रवीन्द्रनाथ की कविता 'देवता का ग्रास' को कंठस्थ कर लिया था।

लेकिन फेलू-दा की जो सबसे जबरदस्त खूबी है, वह यह कि वह अंग्रेजी किताबें पढ़ता है और अपनी ही अक्ल से उसने डिटेक्टिव का बड़ा जबरदस्त काम सीख लिया है। मगर इसका यह मतलब हरगिज नहीं कि चोर-डकैत और खूनी को पकड़ने के लिए उसे पुलिसवाले बुलाते हैं। वह, जिसे कहते हैं, यानी कि शौकिया डिटेक्टिव है।

यह बात तभी समझ में आ जाती है, जब किसी बिलकुल अजाने आदमी को देखते ही वह उसके बारे में बहुत कुछ कह दे सकता है।

जैसे, लखनऊ स्टेशन पर गाड़ी से उतरते ही धीरू काका को देखकर

उसने फुसफुसाकर मुझसे कहा, "तेरे काका को शायद बागवानी का शौक है।"

मुझे धीरू काका की बागवानी की बात गरचे मालूम थी, लेकिन फेलू-दा के तो जानने की बात नहीं थी यह। क्योंकि फेलू-दा गरचे मेरा मौसेरा भाई है, लेकिन धीरू काका मेरे अपने चाचा नहीं हैं, पिताजी के बचपन के दोस्त हैं। इसलिए मैंने अचम्भे में आकर पूछा, "तुमने यह कैसे जाना?"

फेलू-दा ने फिर फुसफुसाकर कहा, "वह जरा पीछे मुड़ें तो गौर करना, उनके दाएँ पाँव के जूते की एड़ी के पास से गुलाब के पत्ते की एक नोक निकली हुई है। और दाएँ हाथ की तर्जनी में टिंचर आयोडिन लगा है। यह सवेरे बगीचे में जाकर गुलाब काटने का नतीजा है।"

स्टेशन से घर जाते हुए मैंने समझा, लखनऊ शहर दरअसल बहुत सुन्दर है। चारों तरफ गुम्बज और मीनारवाले मकान दिखाई दे रहे थे, सड़कें चौड़ी और साफ-सुथरी और उन पर मोटर के अलावा मैंने दो तरह की घोड़ा-गाड़ियाँ चलते देखीं। उनमें से एक का नाम है ताँगा, दूसरी का एक्का। 'एक्का गाड़ी दौड़ी खूब' यह चीज मैंने यहीं पहली बार अपनी आँखों देखी। धीरू काका की 'शेवरले' गाड़ी नहीं होती, तो हम लोगों को इन्हीं में से किसी एक की शरण लेनी पड़ती।

चलते-चलते धीरू काका ने कहा, "यहाँ नहीं आते तो क्या यह जान पाते कि यह शहर कितना सुन्दर है? यहाँ राह-बाट में कलकत्ते की तरह कहीं कूड़ा-कचरा देख रहे हो? और फिर पेड़ कितने हैं, फूलों के बाग कितने!"

पिताजी और धीरू काका पीछे बैठे थे। मैं और फेलू-दा आगे। मेरी बगल में बैठकर गाड़ी चला रहा था धीरू काका का ड्राइवर दीनदयाल सिंह। मेरे कानों से मुँह सटाकर फेलू-दा ने फुसफुसाकर कहा, "भूलभुलैया के बारे में पूछना।"

फेलू-दा कुछ करने को कहता है, तो मुझसे वह किए बिना नहीं रहा जाता। इसीलिए मैंने पूछा, "अच्छा काका जी, यह भूलभुलैया क्या है?"

धीरू काका बोले, "अरे देखोगे, अभी सभी कुछ देखोगे। भूलभुलैया

इमामबाड़े का अजीब ही भूलभुलैया है। हम बंगाली लोग अवश्य उसे 'घुलघुलिया' कहते हैं, पर उसका असली नाम भूलभुलैया ही है। इस भूलभुलैया में नवाब लोग अपनी बेगमों के साथ लुका-छिपी खेला करते थे।''

इस पर फेलू-दा ने खुद ही पूछा, ''तो क्या गाइड साथ लिए बिना घुसने पर उसके अन्दर से बाहर आया ही नहीं जा सकता?''

''ऐसा ही तो सुना है। एक बार एक गोरा सिपाही—बहुत दिन पहले—पी-पवाकर बाजी बदकर उसके अन्दर दाखिल हुआ था। उसने कह रखा था, उसे कोई न देखे, अपने आप निकल आएगा। दो दिन के बाद भूलभुलैया की गली में उसकी लाश मिली।''

मेरी तो छाती इतने में ही धड़कने लगी।

मैंने फेलू-दा से पूछा, ''तुम अकेले ही गए थे या गाइड लेकर?''

''गाइड लेकर गया था। मगर अकेले भी जाया जा सकता है।''

''सच!''

मैं तो अवाक् रह गया। फेलू-दा के लिए तब तो कुछ भी असम्भव नहीं है!

फेलू-दा ने दो बार आँखें झपकाईं, गरदन हिलाई और चुप हो रहा।

मैं समझ गया, वह अब नहीं बोलेगा। अभी वह शहर की सड़क-गली, घर-द्वार, लोग-बाग, एक्का-ताँगा, सबकुछ बड़े ध्यान से देख रहा है।

धीरू काका आज से बीस साल पहले वकील बनकर लखनऊ आए थे। तब से यहीं हैं। अब शायद यहाँ उनका बड़ा नाम-गाम है। काकी, तीन साल हुए, गुजर गईं। और धीरू काका के लड़के किसी नौकरी पर जर्मनी के फ्रेंकफुर्त शहर में हैं। अपने घर में अभी वह रहते हैं, उनका बैरा जगमोहन रहता है, एक बावर्ची और एक माली। जहाँ पर उनका मकान है, उस जगह का नाम है सिकन्दर बाग। स्टेशन से कोई साढ़े-तीन मील दूर मकान के फाटक पर सामने ही लिखा है—'डी.के. सान्याल, एम.ए., बी.एल.बी., ऐडवोकेट'। फाटक के अन्दर कुछ दूर तक कंकड़ों का रास्ता, उसके बाद मकान और रास्ते के दोनों ओर बगीचा। हम लोग जिस वक्त पहुँचे, माली

'लानमोअर' से बगीचे की घास काट रहा था।

दोपहर के भोजन के बाद पिताजी ने कहा, ''गाड़ी के सफर से आए हो। आज अब कहीं मत निकलो। कल से शहर देखना शुरू किया जाएगा।'' इसलिए दिन भर बैठे फेलू-दा से ताश का मैजिक सीखता रहा। फेलू-दा ने कहा, ''भारतीयों की अँगुलियाँ यूरोपियनों के बनिस्बत कहीं ज्यादा फ्लेक्सिबल हैं। इसीलिए हाथ की सफाई के खेल हमारे लिए बहुत आसान हैं।''

तीसरे पहर धीरू काका के बगीचे में युक्लिप्टस पेड़ के नीचे बेंत की कुर्सियों पर बैठकर हम चाय पी रहे थे कि गेट के बाहर एक मोटर के रुकने की आवाज हुई। फेलू-दा ने बिना देखे ही कहा, ''फिएट है।'' उसके बाद रास्ते के पत्थर पर कचमच-कचमच करते हुए ग्रे रंग के सूटवाले एक सज्जन पधारे। आँखों पर ऐनक, साफ रंग और सिर के बाल लगभग सारे ही सफेद। लेकिन देखकर फिर भी समझ में आ रहा था, उम्र उनकी पिताजी वगैरह से ज्यादा नहीं है।

धीरू काका हँसकर नमस्कार करते हुए उठे और कहा, ''जगमोहन, एक कुर्सी और लाओ।'' उसके बाद पिताजी की ओर मुड़कर बोले, ''परिचय करा दूँ, ये हैं डॉक्टर श्रीवास्तव, मेरे परम मित्र।''

मैं और फेलू-दा दोनों ही कुर्सी छोड़कर उठ खड़े हुए थे। फेलू-दा ने फुसफुसाकर कहा, ''नर्वस हो गया है। तेरे पिताजी को नमस्ते करना भूल गया।''

धीरू काका ने कहा, ''श्रीवास्तव ऑस्टियोपैथ हैं और बिलकुल लखनौआ।''

फेलू-दा ने दबे गले से कहा, ''ऑस्टियोपैथ माने समझा?''

मैंने कहा, ''नहीं।''

''हड्डी की बीमारियों के डॉक्टर। ऑस्टियो और अस्थि—दोनों की समानता देखो, अस्थि के मानी हड्डी होती है, यह तो मालूम है न?''

''हाँ, सो जानता हूँ।''

बेंत की एक और कुर्सी आ गई। हम सभी बैठ गए। एकाएक भूल से

डॉक्टर श्रीवास्तव जरा ही देर में पिताजी की चाय के प्याले में मुँह लगा देते। ऐन वक्त पर पिताजी ने खुक्-खुक् करके खाँसा और 'आइ ऐम सो सॉरी' कहकर उन्होंने प्याले को रख दिया।

धीरू काका ने कहा, "भई, तुम आज जरा वैसे-से लगते हो। कोई सख्त मरीज-वरीज देखकर आए हो क्या?"

पिताजी ने कहा, "धीरू, तुमने इससे बँगला में कहा। ये बँगला समझते हैं, क्यों?"

धीरू काका ने हँसकर कहा, "अरे बाप रे, समझते हैं! जरा अपना बँगला कविता-पाठ तो सुना दो।"

डॉ. श्रीवास्तव जैसे कुछ अप्रतिभ-से होकर बोले, "मैं बँगला मामूली जानता हूँ। टैगोर को भी कुछ-कुछ पढ़ा है।"

"अच्छा!"

"यस! ग्रेट पोएट।"

मैं मन-ही-मन सोचने लगा, बस, अब कलकत्ते की चर्चा शुरू हुई! इतने में उन्हीं के लिए प्याली में ढाली हुई चाय को काँपते हाथों उठाकर श्रीवास्तव ने कहा, "कल रात मेरे घर डाकू आया था।"

डाकू? यह डाकू क्या? मेरी क्लास में एक लड़का है, दक्षिणा। उसका पुकार का नाम है डाकू।

लेकिन धीरू काका की बातों से मैं समझ गया।

"हाय राम, डकैत तो मध्य प्रदेश में हैं, मैं तो यही जानता था। लखनऊ शहर में डकैत कहाँ से आ गया?"

"डाकू कहें, चाहे चोर। मेरी अँगूठी के बारे में तो आप जानते हैं, मिस्टर सान्याल?"

"वही प्यारेलाल की दी हुई अँगूठी? वह क्या चोरी चली गई?"

"नहीं-नहीं। लेकिन मेरा ख्याल है, उस अँगूठी के लिए ही चोर आया था।"

पिताजी ने पूछा, "कैसी अँगूठी?"

श्रीवास्तव ने धीरू काका से कहा, "इन्हें आप ही सुनाइए। ये मेरी उर्दू

नहीं समझेंगे और उतनी बात मैं बंगला में नहीं बोल सकूँगा।''

धीरू काका ने कहा, ''प्यारेलाल लखनऊ के एक धनीमानी व्यवसायी थे। जाति के गुजराती। कभी कलकत्ते में रहते थे। इसी से थोड़ी-बहुत बँगला भी जानते थे। उनके लड़के महावीर को–जब वह बारह या तेरह साल का था–हड्डी की कोई कठिन बीमारी हुई। श्रीवास्तव ने उसे भला-चंगा कर दिया। प्यारेलाल की पत्नी नहीं है। दो लड़कों में से बड़ा टायफाएड से चल बसा। लिहाजा समझ ही सकते हो कि एकमात्र लड़के को मौत के दरवाजे से लौटा ला देने की खातिर प्यारेलाल के मन में श्रीवास्तव के प्रति बड़ी गहरी कृतज्ञता थी। इसीलिए मरने से पहले वह एक बहुत ही बेशकीमती अँगूठी श्रीवास्तव को दे गए।''

पिताजी ने पूछा, ''सज्जन मरे कब?''

श्रीवास्तव ने कहा, ''लास्ट जुलाई में। तीन महीने हुए। मई महीने में पहली बार दिल का दौरा पड़ा। उसी में करीब-करीब जा चुके थे। उन्होंने वह अँगूठी मुझे उसी समय दी थी। देने के बाद वह अच्छे हो गए। उसके बाद जुलाई के महीने में दूसरा अटैक हुआ। मैं उस समय भी उनसे मिलने गया था। तीन दिन बाद उन्होंने आखिरी साँस ली। यह देखिए–''

श्रीवास्तव ने कोट की जेब से दियासलाई से थोड़ी-सी बड़ी एक मखमल की नीली डिबिया निकाली। उसका ढक्कन खोलते ही नगों पर में धूप लगने से इन्द्रधनुष जैसी आँखें चौंधियानेवाली एक सतरंगी छटा छिटक पड़ी।

उसके बाद श्रीवास्तव ने इधर-उधर देख लिया। फिर झुककर सावधानी के साथ अपने अँगूठे और उनके पास की उँगली से बड़े हलके ढंग से अँगूठी को निकाला।

देखा, अँगूठी के ऊपर ठीक बीच में लगभग चवन्नी के आकार का एक पत्थर था–बेशक हीरा होगा–और उसके चारों ओर लाल, नीला, हरा–और भी बहुत-से छोटे-छोटे पत्थर।

इतनी अनोखी खूबसूरत अँगूठी मैंने कभी नहीं देखी।

कनखियों से फेलू-दा की तरफ ताका। वह युक्लिप्टस का एक सूखा पत्ता कान में डालकर उसे उमेठ रहा था–गो कि उसकी नजर अँगूठी की

ही ओर थी।

पिताजी ने कहा, ''देखने से तो लगता है, चीज यह पुरानी है। इसका कोई इतिहास है क्या?''

श्रीवास्तव ने जरा हँसकर अँगूठी को डिबिया में बन्द किया, डिबिया को जेब में रखकर चाय के प्याले को फिर से हाथ में उठाकर कहा, ''छोटा-सा इतिहास है। इसकी उम्र तीन सौ साल से ज्यादा है। यह अँगूठी औरंगजेब की थी।''

पिताजी ने आँखों को कपाल पर चढ़ाकर कहा, ''ऐं! हमारे औरंगजेब बादशाह! शाहजहाँ का बेटा औरंगजेब?''

श्रीवास्तव ने कहा, ''जी। लेकिन औरंगजेब उस समय बादशाह नहीं बने थे। तख्त पर शाहजहाँ थे। समरकन्द दखल करने के लिए बार-बार फौज भेज रहे थे और बार-बार हार हो रही थी। एक बार औरंगजेब के अधीन सेना भेजी गई। औरंगजेब ने बेहद मार खाई। शायद हो कि मर ही जाते। एक सेनापति ने जान बचाई। औरंगजेब ने अपने हाथ से अँगूठी निकालकर उसे दे दी।''

''बार रे! यह तो बिलकुल कहानी जैसी है।''

''और प्यारेलाल ने वह अँगूठी आगरे में उस सेनापति के खानदान के किसी व्यक्ति से खरीदी। प्यारेलाल ने यह नहीं बताया कि इसकी कीमत कितनी थी। लेकिन–दैट बिग स्टोन इज़ डायमंड। मैंने इसकी जाँच करा ली है। अन्दाज लगा सकते हैं, क्या कीमत होगी।''

धीरू काका ने कहा, ''कुछ भी न हो तो दो लाख के करीब। औरंगजेब न होकर अगर जहन्नुम खाँ होता, तो भी डेढ़ेक लाख जरूर होती।''

श्रीवास्तव ने कहा, ''तभी तो कह रहा हूँ, कल की घटना के बाद बड़ा अपसेट हो गया हूँ। मैं अकेला आदमी ठहरा। रोगी देखने के लिए हमेशा बाहर जाता हूँ। आज अगर पुलिस में इत्तला कर दूँ, कल को बाहर निकलूँ और कोई ढेला-पत्थर मारे? एक बार जी में आया था, किसी बैंक में रख दूँ। उसके बाद सोचा, इतनी खूबसूरत चीज है, बन्धु-बान्धवों को दिखाकर भी आनन्द आता है। इसीलिए पास ही रख रखी है।''

धीरू काका ने पूछा, ''यह अँगूठी आपने बहुतों को दिखाई है?''

''इसे मिले महज तीन ही महीने तो हुए। फिर अपने यहाँ ज्यादा कोई तो आते नहीं। जो आते हैं, दोस्त हैं, भले आदमी हैं। उन्हीं को दिखाई है।''

साँझ हो आई। युक्लिप्टस की फुनगी पर थोड़ी-सी धूप लगी थी, वह भी ज्यादा देर तक नहीं रहेगी। मैं देख रहा था, श्रीवास्तव किसी भी तरह से स्थिर नहीं बैठ पा रहे थे।

धीरू काका ने कहा, ''चलिए, अन्दर चलकर बैठें। इस पर थोड़ा सोच-विचार करना जरूरी है।''

हम सभी बगीचे से उठकर बैठक में जा बैठे। फेलू-दा को देखकर यह लग ही नहीं रहा था कि उसे अँगूठी का मामला जरा भी इंटरेस्टिंग लग रहा है। वह सोफे पर आ बैठा और जेब से ताशों की गड्डी निकालकर हाथ की सफाई के अभ्यास में लग गया।

पिताजी यों ज्यादा बात नहीं करते। लेकिन जब करते हैं तो खूब सोच-समझकर ठंडे दिमाग से करते हैं। पिताजी ने कहा, ''अच्छा, आप यह क्यों सोच रहे हैं कि वे लोग आपकी अँगूठी लेने के लिए ही आए थे। आपकी और कोई चीज चोरी नहीं गई? ऐसा भी तो हो सकता है कि वे लोग साधारण चोर ही थे, रुपया-पैसा चुराने आए थे?''

श्रीवास्तव ने कहा, ''आपसे बताऊँ, वनबिहारी बाबू हैं, इसलिए हमारे मुहल्ले में यों ही चोर-वोर नहीं आते। मेरे मकान के बगल में रहते हैं मिस्टर झुनझुनवाला और उनके बगलवाले मकान में रहते हैं मिस्टर बिलमोरिया। बोथ, वेरी रिच्। यह बात उनके मकान को देखने से ही समझ में आ जाती है। उन लोगों के आगे मेरी क्या हस्ती है? तो उनका घर छोड़कर चोर मेरे यहाँ क्यों आएगा?''

धीरू काका ने कहा, ''वे लोग जैसे धनी हैं, वैसे ही उनके यहाँ पहरे का भी पक्का बन्दोबस्त होगा। लिहाजा उनके यहाँ चोर जाएँ क्यों? वे तो कुछ बहुत बड़ी दौलत की उम्मीद से नहीं जाएँगे। पाँचेक सौ रुपए भी उड़ा ले गए तो उनके छह महीने के गुजारे का सहारा हो गया। इसलिए हमारे-आपके यहाँ चोर का आना कोई अचम्भे की बात नहीं है।''

श्रीवास्तव को मानो फिर भी भरोसा नहीं हो रहा था। वह बोले, ''पता नहीं क्यों मिस्टर सान्याल, क्यों तो मुझे लगता है कि चोर इस अँगूठी के लिए ही आए थे। मेरे बगलवाले कमरे की एक अलमारी चोरों ने खोली थी। उसकी दराज भी खोली थी। उसमें दूसरी चीजें थीं। चाहते तो ले जा सकते थे। वक्त भी था। मेरी नींद खुली कि चोर भाग गए, बगैर कुछ लिए और, बात क्या है, जानते हैं?''

श्रीवास्तव सहसा रुक गए। उसके बाद भँवें सिकोड़कर कुछ देर सोच देखा, फिर बोले, ''प्यारेलाल ने जब यह अँगूठी मुझे दी थी, तब मुझे लगा कि उन्होंने यह अँगूठी अपने यहाँ रखनी नहीं चाही, इसीलिए मुझे दे दी। और–''

श्रीवास्तव ने फिर जरा भँवें टेढ़ी कीं।

धीरू काका ने कहा, ''और क्या डॉक्टर साहब?''

श्रीवास्तव ने एक लम्बा निश्वास फेंककर कहा, ''दूसरी बार जब उन्हें दिल का दौरा पड़ा और मैं उन्हें देखने गया, तो उन्होंने मुझसे कुछ कहने की कोशिश की। कह नहीं सके। लेकिन एक बात मैं सुन सका था।''

''कौन-सी बात?''

उन्होंने दो बार कहा, ''यह स्पाई है, यह स्पाई है...''

''नहीं डॉक्टर साहब, प्यारेलाल ने चाहे जो भी कहा हो, मेरा दृढ़ विश्वास है कि ये चोर साधारण हैं, छिछोरे कहिए। आपको शायद पता नहीं है, बारिस्टर भूदेव मित्तिर के यहाँ भी रिसेंटली चोरी हो गई है। एक रेडियो और चाँदी के कुछ बर्तन-बासन उठा ले गए हैं फिर भी अगर आपको हौलदिली हो रही हो, तो आप यह अँगूठी बेखटके मेरे जिम्मे रख जा सकते हैं। मेरी गोदरेज की अलमारी में हिफाजत से रहेगी, जब आपको लगे कि अब कोई खतरा नहीं रहा, तो इसे वापस ले जाइएगा।''

श्रीवास्तव ने जैसे राहत की साँस ली और खुलकर हँसे।

''दरअसल मैं यही प्रस्ताव लेकर आया था। लेकिन खुद कह नहीं पा रहा था। थैंक यू वेरी मच, मिस्टर सान्याल। आपके पास अँगूठी रखने से मैं निश्चिन्त रहूँगा।''

उन्होंने जेब से अँगूठी निकालकर धीरू काका को दी और धीरू काका उसे लेकर अपने सोने के कमरे में चले गए।

अब फेलू-दा ने एकाएक एक सवाल किया।

''यह वनबिहारी बाबू कौन हैं?''

''पार्डन?'' श्रीवास्तव शायद कुछ अन्यमनस्क थे।

फेलू-दा ने कहा, ''अभी आपने यह कहा न कि मुहल्ले में वनबिहारी बाबू हैं, इसलिए चोर-वोर नहीं आते, यह वनबिहारी बाबू कौन हैं? कोई पुलिस के आदमी?''

श्रीवास्तव ने हँसकर कहा, ''ओह, नो-नो, पुलिस नहीं, मगर पुलिसवालों से भी बढ़कर। इंटरेस्टिंग आदमी हैं। पहले बंगाल में जमींदारी थी। वह जमींदारी गई तो उन्होंने एक कारोबार शुरू किया। विदेशों को जानवर भेजने का कारोबार।''

''जानवर?'' पिताजी और फेलू-दा ने एक ही साथ पूछा।

''जी। टेलीविजन, सर्कस, चिड़ियाघर के लिए यहाँ से यूरोप, अमेरिका, ऑस्ट्रेलिया आदि देशों को जानवर भेजे जाते हैं। बहुतेरे भारतीय यह व्यापार करते हैं। वनबिहारी बाबू ने इस कारोबार से काफी पैसे पैदा किए। उसके बाद, दो-तीन साल हुए, रिटायर होकर यहाँ चले आए। आते समय अपने साथ कुछ जानवर भी लेते आए। यहाँ एक मकान खरीदकर उन्होंने एक छोटा-मोटा चिड़ियाघर भी बना लिया।''

पिताजी ने कहा, ''अच्छा! बड़ी अजीब बात है!''

''जी हाँ। और उस चिड़ियाघर की खासियत यह है कि उसका हर जानवर बड़ा...बड़ा...क्या नाम कि...''

''खौफनाक?''

''जी, हाँ। खौफनाक।''

लखनऊ में ऐसे भी जो एक चिड़ियाघर है, सुना है, वह बहुत अच्छा है। उसमें बाघ-सिंह शायद पिंजड़े में नहीं रहते। जाल से घिरे टापू जैसे बने हैं। उनमें बनाए हुए पहाड़ और गुफाओं में वे सब रहते हैं। उसके होते फिर यह प्राइवेट चिड़ियाघर!''

श्रीवास्तव ने कहा, "उनके पास जंगली बिल्ली है, हायना है, मगर है, स्कॉरपियन है। सबकी चीखें सुनाई पड़ती हैं। चोर कैसे आएँगे?"

इसके बाद जो मैं पूछने जा रहा था, फेलू-दा वह पहले ही पूछ बैठा।

"वह चिड़ियाघर एक बार देखा नहीं जा सकता है?"

ऐन इसी वक्त धीरू काका कमरे में आए। बोले, "यह तो बहुत आसान है। किसी दिन भी जाया जा सकता है। आदमी वह हिंसक नहीं है।"

श्रीवास्तव उठ खड़े हुए। बोले, "लाटूश रोड में एक मरीज है। मैं चलूँ।"

हम सब श्रीवास्तव के साथ गेट के बाहर तक गए। भले आदमी ने सबको गुडनाइट कहा, धीरू काका को धन्यवाद दिया और अपनी फिएट कार पर बैठकर चले गए। पिताजी और धीरू काका घर की ओर चल दिए। फेलू-दा का सिगरेट सुलगाने ही जा रहा था कि हुश् करके एक काली-सी गाड़ी श्रीवास्तव की गाड़ी की तरफ चली गई।

फेलू-दा ने कहा, "स्टैंडर्ड हैरल्ड। नम्बर मिस कर गया।"

मैंने पूछा, "नम्बर का क्या करना?"

"मुझे लगा, गाड़ी श्रीवास्तव का पीछा कर रही है। देख नहीं रहा है, रास्ते के उस ओर कैसा अँधेरा है? वह गाड़ी वहीं इन्तजार कर रही थी। देखा नहीं, हम लोगों के गेट के पास गीयर बदला?"

इतना कहकर फेलू-दा रास्ते से घर की ओर मुड़ा।

घर गेट से कोई पचास गज दूर है। मुझे अन्दाज है, क्योंकि मैं स्कूल में बहुत बार हंड्रेड यार्ड्स दौड़ा हूँ। धीरू काका की बैठक की रोशनी जल रही थी। खिड़की से अन्दर का दरवाजा भी दिखाई दे रहा था। पिताजी और धीरू काका को दरवाजे से कमरे में जाते देखा। मैंने देखा, फेलू-दा हठात् ठिठक गया और खड़ा होकर उस खिड़की की ओर देखने लगा। उसकी भँवें तनी थीं और दाँतों से उसे होंठ दबाते हुए-सा देखकर समझा, वह चिन्तित है।

"सुनता है रे, तोपसे..."

मेरा पुकार का नाम वास्तव में वह नहीं है। फेलू-दा ने तपेश से तोपसे

कर लिया है।

मैंने कहा, "क्या?"

"मेरे रहते यह गलती होने का कोई मतलब नहीं होता।"

"कैसी गलती?"

"वह खिड़की बन्द कर देनी चाहिए थी। गेट से ही खिड़की से कमरे के अन्दर साफ दिखाई पड़ता है। बिजली की बत्ती होती तो भी बात थी, पर तेरे चाचा ने तो फ्लोरेसेंट ट्यूब लगा रखी है।"

"लगा रखी है, तो क्या हुआ?"

"अपने पिताजी को तू देख पा रहा है?"

"सिर्फ सर दिखाई दे रहा है। वह कुर्सी पर बैठे हैं न?"

"उस कुर्सी पर दस मिनट पहले कौन था?"

"डॉक्टर श्रीवास्तव।"

"अँगूठी की डिबिया जब वह तेरे काका जी को देने लगे थे, तो वह उठ खड़े हुए थे, याद आ रहा है?"

"इतनी ही देर में भूल जाऊँगा?"

"उस समय इस गेट पर कोई रहा हो, तो उसके लिए यह घटना देख लेना कुछ गैर-मुमकिन नहीं है।"

"धत्तेरे की, कोई वहाँ था, तुम यह क्यों सोच रहे हो?"

फेलू-दा नीचे झुका। कंकड़ों में से एक छोटी-सी चीज उठाकर उसने मेरी तरफ बढ़ा दी। मैंने हाथ में लेकर देखा, सिगरेट का एक टुकड़ा था।

"जरा इसके सिरे पर गौर करो।"

मैं सिगरेट को आँख के बहुत करीब ले गया और रास्ते की धीमी रोशनी में ही जो देखना था, सो देख लिया।

फेलू-दा ने हाथ बढ़ाकर सिगरेट के टुकड़े को वापस ले लिया।

"क्या देखा?"

"चारमीनार है। और जो आदमी पी रहा था, उसके मुँह में पान था, इसीलिए पान का दाग लगा हुआ है।"

"वेरी गुड। चल, अन्दर चल।"

रात को सोने से पहले फेलू-दा ने धीरू काका से माँगकर अँगूठी को और एक बार अच्छी तरह से देख लिया। पत्थरों के बारे में उसे इतनी जानकारी है, मुझे इसका मालूम नहीं था। लैम्प की रोशनी में अँगूठी को घुमाते हुए वह कहने लगा, "ये जो नीले पत्थर देख रहे हो, इन्हें सैफ़ायर कहते हैं। हम जिन्हें नीलकान्त मणि कहते हैं। लाल-लाल जो हैं, वे चुन्नी हैं यानी रूबी। और हरे पत्थर पन्ना हैं—एमराल्ड। और बाकी जो हैं, जहाँ तक मेरा खयाल है, पुखराज हैं—अंगरेजी में जिन्हें टोपैज कहते हैं। लेकिन देखने की असली चीज बीच का यह हीरा है। ऐसे हीरे को हाथ में देखने की खुशकिस्मती सबकी नहीं होती।"

उसके बाद फेलू-दा ने अँगूठी को कनकी उँगली के पासवाली उँगली में पहनकर कहा, "देख रहा है न? औरंगजेब और मेरी उँगली का साइज मिल जाता है।"

सच ही, फेलू-दा की उँगली में अँगूठी बिलकुल ठीक आ गई थी।

लैम्प की रोशनी में अँगूठी में लगे पत्थरों को एकटक देखते रहकर फेलू-दा ने कहा, "इस अँगूठी से कितना इतिहास जुड़ा हुआ है, कौन जाने! मगर तुझसे मैं अपनी कहूँ, तोपसे—इस अँगूठी के भूतकाल से मुझे कोई भी इंटरेस्ट नहीं है। यह औरंगजेब की थी या अलतमस की या कि अकरम खाँ की थी, वह बात महत्त्व की नहीं। मुझे यह जानना है कि इसका भविष्य क्या है और बहरहाल कोई सज्जन सचमुच ही इसके पीछे पड़े हैं या नहीं और अगर पीछे पड़े हैं तो वह हैं कौन और उनका यह दुस्साहस किसलिए है?"

फेलू-दा ने उँगली से उतारकर अँगूठी मुझे दी। कहा, "जा, इसे दे आ और आकर खिड़कियों को खोल दे।"

2

दूसरे दिन सब लोग दोपहर का खाना जरा जल्दी खाकर इमामबाड़ा देखने को निकल पड़े। पिताजी और धीरू काका मोटर से गए। गाड़ी में गो कि जगह थी फिर भी फेलू-दा और मैंने कहा, "हम लोग ताँगे से आएँगे।"

खूब मजा आया। कलकत्ता में तो घोड़ा-गाड़ी पर चढ़ना नसीब ही नहीं होता। सच बताऊँ, मैं कभी भी किसी भी तरह की घोड़ा-गाड़ी पर नहीं चढ़ा था। फेलू-दा बेशक चढ़ा है। उसने कहा, "कलकत्ते की ठीका-गाड़ी से ताँगे में कहीं ज्यादा झकोले लगते हैं और यह शायद हाजमे के लिए बड़ा मुफीद है। तेरे चाचा का बावर्ची इतना फर्स्टक्लास पकाता है कि मैं खूब समझ गया हूँ, यहाँ खाने के मामले में हिसाब रखना मुश्किल है। लिहाजा बीच-बीच में ताँगे की सवारी करना यों भी जरूरी होगा।"

नए शहर की राह-बाट देखते हुए ताँगे के झकोले खाते-खाते जिस जगह पर पहुँचा, पूछने पर ताँगेवाले ने बताया, "यह कैसर बाग है।" फेलू-दा ने कहा, "देखा, जर्मन और उर्दू को किस ढंग से मिलाया है?"

नवाबी अमल के जितने भी महल और इमारतें हैं, सब कैसर बाग के आसपास ही हैं। इधर-उधर उँगली दिखाकर ताँगेवाला सब नाम बताने लगा। "वह देखिए, बादशाह मंजिल, वह है चाँदीवाली बारहदरी...उसको लाखू फाटक कहते हैं।" और काफी आगे रूमी दरवाजा पार करके है मच्छी भवन और मच्छी भवन में ही है इमामबाड़ा। इमामबाड़े का आकार देखकर मेरी तो बोलती बन्द हो गई। इतनी बड़ी इमारत भी हो सकती है, इसका मुझे अनुमान भी न था।

ताँगे से ही धीरू काका की गाड़ी पर नजर पड़ गई थी। ताँगेवाले का किराया चुकाकर हम दोनों पिताजी वगैरह की ओर बढ़े। पिताजी और धीरू काका एक अधेड़ उम्र के आदमी से बातें कर रहे थे।

फेलू-दा ने अचानक मेरे कन्धे पर हाथ रखकर दबे गले से कहा, ''ब्लैक स्टैंडर्ड हेरल्ड।''

सच ही तो! धीरू काका की गाड़ी के पास ही एक काली स्टैंडर्ड गाड़ी खड़ी थी।

''मडगार्ड पर टटका घिसने का दाग देख रहा है!''

''टटका है, यह कैसे जाना?''

''चूने का सारा चूरा अभी झड़ा नहीं है, लगा हुआ है। पुती हुई दीवार पर गेट से घिसटी होगी। आज सवेरे गाड़ी अगर धोई नहीं गई हो, तो यह दाग कल रात का भी हो सकता है।''

हमें देखकर धीरू काका ने कहा, ''आओ, परिचय करा दें। यह वनबिहारी बाबू हैं, जिनका अपना चिड़ियाघर भी है।''

मैंने अवाक् होकर नमस्ते की। यही वह आदमी हैं! प्रायः छह फुट लम्बे, गोरा रंग, पतली मूँछ, नुकीली दाढ़ी, आँखों पर सोने का चश्मा। कुल मिलाकर आँखों को जँचनेवाला चेहरा।

मेरी पीठ पर एक थप्पड़ मारकर भले आदमी ने कहा, ''लखनऊ की राजधानी कैसी लग रही है, मुन्ने? जानते हो न, रामायण के युग में लखनऊ लक्ष्मणावती थी?''

मैंने देखा, भले आदमी का गला भी जँचने योग्य है।

धीरू काका ने कहा, ''वनबिहारी बाबू चौक बाजार की ओर जा रहे थे। हमारी गाड़ी पर नजर पड़ी, सो चले आए।''

भले आदमी ने कहा, ''हाँ। दोपहर को मैं बाहर का कामकाज कर लेने के लिए निकलता हूँ। साँझ-विहान जानवरों के पीछे बड़ा वक्त लग जाता है।''

धीरू काका ने कहा, ''हम लोग पूरी जमात के साथ एक दिन आपके यहाँ धावा बोलने की सोच रहे थे। आपका चिड़ियाघर देखने का इन्हें बड़ा

शौक है।"

"ठीक तो है। एनी डे। आज ही पधारिए न। मैं तो किसी के आने से खुश ही होता हूँ। लेकिन देखता हूँ, बहुतेरे लोग डर के कारण ही नहीं आना चाहते। उनका ख्याल है, मेरे पिंजड़े चिड़ियाघर के पिंजड़ों जैसे मजबूत नहीं हैं। यदि यही बात होती तो आखिर मैं कैसे हूँ?"

इस बात पर फेलू-दा के सिवाय हम सभी लोग हँसे। वह मेरी ओर झुककर जरा धीरे-से बोला, "जानवरों की बू ढँकने के लिए जोरों का इत्र लगाया है।"

देखा कि स्टैंडर्ड गाड़ी वनबिहारी बाबू की नहीं थी, क्योंकि उन्होंने पास ही की एक नीली एम्बेसेडर गाड़ी से अपने ड्राइवर को बुलाकर उसको दो चिट्ठियाँ देकर डाकखाने में डाल आने को कहा। उसके बाद हम लोगों की ओर मुड़े और बोले, "आप लोग इमामबाड़ा देखेंगे न? न हो तो उसके बाद ही सीधे हमारे यहाँ चलें।"

धीरू काका ने कहा, "गर्ज कि आप भी हम लोगों के साथ अन्दर चल रहे हैं?"

"चलिए न, नवाब की कीर्ति देख ली जाए। वही सिक्स्टी थ्री में आया था, लखनऊ आने के दो दिन बाद ही। तब से फिर कभी आ नहीं पाया।"

गेट से घुसकर एक बहुत बड़े चबूतरे पर से प्रासाद की ओर चलते-चलते वनबिहारी बोले, "यह इमारत दो सौ साल पहले आसफ़उद्दौला ने बनवाई थी। सोचा था, आगरा-दिल्ली से होड़ लेंगे। उन्होंने भारत भर के चुने कारीगरों की एक प्रतियोगिता की। सबने नक्शा भेजा। उनमें से बेस्ट नक्शे को चुनकर यह इमामबाड़ा बना। बहार के लिहाज से मुगल प्रासादों से कोई तुलना ही नहीं हो सकती, मगर आकार के लिहाज से एकबारगी नम्बर वन है! इतना बड़ा दरबार-घर दुनिया के किसी भी राजमहल में नहीं है!"

दरबार-घर को देखकर लगा, इसमें सहज ही एक फुटबाल-ग्राउंड समा सकता है। एक कुआँ देखा। उतना बड़ा कुआँ मैंने कभी नहीं देखा था। गाइड ने बताया कि कसूरवारों को इसी कुएँ में डालने की सजा दी

जाती थी।

लेकिन सबसे अचम्भे का लगा भूलभुलैया। इधर-उधर से आँकी-बाँकी गलियाँ, वह सबकुछ इस ढंग से बनी हैं कि जितनी ही बार एक-एक मोड़ घूमता, लगता, जहाँ था फिर वहीं चला आया। एक गली और दूसरी गली में कोई फर्क नहीं। दो तरफ दीवार, माथे के ऊपर नीची छत, और दीवार के ठीक बीचोंबीच एक-एक ताख। गाइड ने बताया कि नवाब जब बेगमों के साथ लुकाछिपी खेलते थे, तो इन ताखों पर चिराग जलते थे। रात को कैसा भूतिया करिश्मा लगता होगा, समझ रहा था।

फेलू-दा क्यों बार-बार पीछे रह जाता था और दीवार से इतना सटकर चल रहा था, मैं समझ नहीं पा रहा था। भूलभुलैया देखने में और नवाब-बेगमों की लुकाछिपी खेल के बारे में सोचने में मैं इतना मशगूल हो गया था कि उसके बारे में ख्याल ही नहीं था। इसी बीच पिताजी जोर से बोल उठे, "अरे, फेलू कहाँ गया?"

ठीक ही तो! पीछे पलटकर देखा, फेलू-दा का कहीं पता नहीं। मेरी छाती के अन्दर धड़कन हो उठी। पिताजी ने 'फेलू-फेलू' कहकर दो बार पुकारा कि वह हम लोगों के पीछे की ओर की एक गली से झट निकल आया। बोला, "इतनी तेजी से चलने से इस भूलभुलैया के प्लान को ठीक से दिमाग में ला नहीं सकूँगा।"

भूलभुलैया की अन्तिम गली के आखिर में जो दरवाजा है, उससे निकलने पर इमामबाड़े की विराट छत पर निकला जा सकता है। वहाँ जाकर देखा, वहाँ से सारा लखनऊ शहर दिखाई पड़ता है। हम लोगों के अलावा भी कुछ लोग छत पर थे। उनमें से एक कम उम्रवाले भले आदमी धीरू काका को देखकर हँसते हुए आगे आए।

धीरू काका ने कहा, "अरे, महावीर! कब आए?"

देखने में तो भले आदमी बंगाली-जैसे नहीं लग रहे थे, फिर भी उन्होंने साफ बंगला में कहा, "तीन दिन हुए। हर साल ही मैं इन दिनों आया करता हूँ। दीवाली बिताकर लौट जाता हूँ। इस बार दो मित्र साथ हैं, उन्हें लखनऊ शहर दिखा रहा हूँ।"

धीरू काका ने कहा, ''ये प्यारेलाल जी के लड़के हैं।'' मैंने देखा, महावीर कैसा तो अवाक् होकर वनबिहारी बाबू की ओर देख रहे हैं, गोया उन्हें पहले देखा है, लेकिन कहाँ, यह याद नहीं कर पा रहे हैं।

वनबिहारी बाबू ने कहा, ''जाना-पहचाना-सा लग रहा हूँ क्या?''

महावीर ने कहा, ''जी। लेकिन कहाँ देखा है, कहिए तो?''

वनबिहारी बाबू ने कहा, ''तुम्हारे स्वर्गीय पिताजी से एक बार भेंट जरूर हुई थी, पर उस समय तो तुम यहाँ नहीं थे।''

महावीर मानो जरा अप्रतिभ-सा ही होकर बोला, ''ओ! तब तो लगता है, मैं भूल कर रहा हूँ। खैर, चलता हूँ।''

नमस्ते करके महावीर चला गया। भलेमानस की उम्र शायद फेलू-दा से भी कम ही हो कुछ और देखने-सुनने में सुन्दर, सख्त। लगा, जरूर ही कसरत करते हैं या खेल-कूद करते हैं।

वनबिहारी बाबू ने कहा, ''मेरा ख्याल है, अब हमारे ही यहाँ चले चलिए तो अच्छा हो। जानवरों को देखना ही हो तो रोशनी रहते ही देखना अच्छा है। पिंजड़ों में मैं अभी तक बत्ती का इन्तजाम नहीं कर पाया हूँ।''

गाइड को बख्शीश देकर हम लोग सीढ़ी से सीधे छत से नीचे उतर आए। गेट से बाहर निकला तो देखा, महावीर और दो सज्जनों को लेकर उस काली स्टैंडर्ड गाड़ी पर चढ़ रहा है।

3

वनबिहारी बाबू के यहाँ पहुँचते-पहुँचते लगभग चार बज गए। बाहर से कतई समझ में नहीं आता था कि अन्दर कोई चिड़ियाघर भी है क्योंकि जो कुछ भी है, वह घर के पीछे की तरफ है।

"गदर से भी कोई तीस साल पहले एक धनी मुसलमान सौदागर ने इस मकान को बनवाया था।" वनबिहारी बाबू ने कहा, "मैंने इसे एक साहब से खरीदा।"

देखने से ही लग रहा था कि मकान बड़ा पुराना है और दीवारों पर जो नक्काशियाँ थीं, उनसे नवाबों की याद आ रही थी।

घर के अन्दर जाकर वनबिहारी बाबू ने पूछा, "आप सब लोग कॉफी तो पीते हैं न? हमारे यहाँ चाय नहीं चलती।"

मुझे घर में ज्यादा कॉफी पीने को नहीं दी जाती, मगर कॉफी मुझे बहुत अच्छी लगती है। सो, मुझे तो मजा ही मिल गया। लेकिन कॉफी बाद में, पहले तो जानवरों को देख लिया जाए।

बैठक को पार कर लेने पर एक बरामदा। उसके बाद ही एक विशाल बगीचा। उसी बगीचे में यहाँ-वहाँ वनबिहारी बाबू के सब पिंजड़े रक्खे हुए थे। बगीचे के बीच में नुकीले सीखचों से घिरा एक पोखरा। उसमें एक मगर धूप ताप कर रहा था।

वनबिहारी बाबू ने कहा, "इसे दसेक साल पहले, जब बिलकुल बच्चा था, मैं मुंगेर से ले आया था। पहले यह मेरे कलकत्ते के मकान के एक चौबच्चे में था। एक दिन देखा, उसमें से निकलकर वह एक समूची बिल्ली

को निगल गया।"

पोखरे के चारों ओर बने पक्के रास्ते से दूसरे पिंजड़ों की ओर गए थे। एक पिंजड़े से फेंश-फेंश की आवाज सुनकर मगर को छोड़कर हम लोग उसी ओर गए।

वहाँ जाकर देखा, पिंजड़े में मँझोले कद के कुत्ते जैसी एक बिल्ली है। उसकी आँखें हरी और जलती हुईं। बदन का रंग खैरा और धारीदार। इतनी बड़ी बिल्ली को बाघ ही कहने को जी चाहता है।

वनबिहारी बाबू ने कहा, "इसका वासस्थान अफ्रीका है। मैंने इसे कलकत्ते में रिपन स्ट्रीट के एक फिरंगी जानवर-व्यवसायी से खरीदा। यह चीज अलीपुर के चिड़ियाघर में भी नहीं है।"

बिल्ली के बाद हायना, हायना के बाद भेड़िया, भेड़िए के बाद अमेरिकी रैटल स्नेक। भयंकर जहरीला साँप। एक प्रकार की पतली नुकीली सीपी। हम लोग बहुत बार पुरी से लाए हैं, इस साँप की पूँछ की नोक पर उसी सीपी जैसी ही एक चीज थी। इधर से उधर जाते-आते साँप अपनी पूँछ को हिलाता, जिससे उसकी पूँछ जमीन से लगकर उस सीपी से झुनझुना जैसी एक आवाज होती। अमेरिका के एक जंगल में काफी दूर से ही ऐसी आवाज सुनकर लोग भाँप लेते हैं कि रैटल साँप चल रहा है।

और भी दो चीजें देखकर डर के मारे बदन सिहर उठा। काँच के एक बक्स में हमने नीले रंग का एक बहुत बड़ा और भद्दा-सा बिच्छू देखा। यह भी अमेरिका का ही है। इसका नाम है ब्लू स्कॉरपियना और दूसरे काँच के बक्से में आदमी के फाँक किए हुए हाथ जैसा काले और बड़े-बड़े रोएँवाला एक मकड़ा—अफ्रीका का जहरीला 'ब्लैक विडो' मकड़ा।

वनबिहारी बाबू ने कहा, "वह बिच्छू और मकड़ा—इन्हीं दोनों का जहर है, जिसे न्यूरोटॉक्सिक कहते हैं। गर्ज कि एक बार काट लेने से ही किसी सख्त मजबूत आदमी तक को मार डालने की ताकत रखते हैं ये।"

चिड़ियाघर देखकर हम सब बैठक में आए। हम लोग सोफे पर बैठे। स्वयं एक कुर्सी पर बैठते हुए वनबिहारी बाबू ने कहा, "रात में जब चारों ओर सन्नाटा हो जाता है, तो बीच-बीच में मेरे बगीचे से वन-बिलाव की

फेंश-फेंश की आवाज, हायना की हँसी, भेड़िए की खक-खक और रैटल साँप की कर-कर आवाजों का एक अजीब ही कोरस सुनाई पड़ता है। उससे बड़े आराम की नींद आती है। अंगरक्षकों का यह ऐश्वर्य और कितने लोगों को मयस्सर है, कहिए! अवश्य, चोर आने पर ये लोग कोई खास मदद नहीं कर सकते, क्योंकि ये पिंजड़े में बन्द हैं। उसके लिए दूसरा इन्तजाम ही है—मेरा बादशाह!''

आवाज दी कि बगल के कमरे से एक विशाल काला हाउंड कुत्ता निकल आया। वनबिहारी बाबू ने शायद इसी को पहरेदारी के लिए रखा है। सिर्फ घर की ही पहरेदारी नहीं, यह बादशाह शायद चिड़ियाघर का भी कोई नुकसान नहीं होने देता।

फेलू-दा मेरे पास ही बैठा था। कुत्ते को देखकर मेरे कान में फुसफुसाकर कहा, ''लैब्रेडर हाउंड। वास्कर विले कुत्ते की जात।''

पिताजी ने अभी तक एक भी शब्द नहीं कहा था। अब बोले, ''अच्छा, आपको इन हिंसक जानवरों के बीच रहना अच्छा लगता है?''

वनबिहारी बाबू अपने पाइप में तम्बाकू भरते हुए बोले, ''अच्छा क्यों नहीं लगेगा, सो कहिए? डर किस बात का? कभी कितने बाघ-भालू का शिकार किया है, जानते हैं? वाइल्ड ऐनीमल्स के सिवाय मारता ही नहीं था। अचूक निशाना था। एक बार जानें क्या दुर्मति हो गई। चाँदा के जंगल में एक अमरीकी साहब को अपने निशाने की बड़ाई सुनाकर डेढ़ सौ गज के फासले से एक हिरन को मार डाला। मार तो डाला, मगर कितना पछतावा हुआ, क्या बताऊँ! तब से शिकार करना छोड़ दिया। लेकिन जानवरों के बिना रहना भी मुश्किल, इसलिए जानवर बाहर भेजने का कारोबार शुरू किया। जब वह कारोबार भी छोड़ दिया, तो मजबूरन घर में ही चिड़ियाघर बना लिया। इन सबके साथ रहने का आनन्द क्या है, जानते हैं? ये हिंसक हैं, जहरीले हैं, यह सबको मालूम है। ये तो अपने को निहायत भला साबित करना नहीं चाहते! मगर आदमी को देखिए। किसी को आप भला समझ रहे हैं और वह हठात क्रिमिनल निकल गया। अन्तरंग मित्र का ही क्या आजकल विश्वास करने की गुंजाइश है? इसीलिए सोचा बाकी जीवन

जानवरों से घिरे रहकर ही बिताऊँगा। इसमें कहीं अधिक शान्ति है। मैं तो साहब, न छह में हूँ न पाँच में। अपनी दौलत आप भोगता हूँ, इसमें कौन क्या सोचता, नहीं सोचता है, इसके लिए दिमाग खपाकर क्या करना! लेकिन मैंने सुना है, मेरे इस चिड़ियाघर की बदौलत मुहल्ले में चोरी-चकारी शायद बन्द हो गई है, फिर तो कहना चाहिए कि अनजानते ही मैं लोगों का उपकार ही कर रहा हूँ।''

उनकी अन्तिम बात सुनकर मैंने पहले धीरू काका, फिर फेलू-दा की ओर ताका। तो क्या वनबिहारी बाबू, श्रीवास्तव के यहाँ की घटना को नहीं जानते?

इस प्रश्न के जवाब के लिए ज्यादा देर तक इन्तजार नहीं करना पड़ा। क्योंकि इधर वनबिहारी बाबू का बैरा कॉफी और मिठाई ले आया और उधर श्रीवास्तव बाबू आ पहुँचे।

उन्होंने सबको नमस्ते-वमस्ते करके धीरू काका से कहा, ''आपके मकान के करीब ही केलविन रोड पर एक लड़के का पेड़ से गिरने से हाथ टूट गया है। उसे देखकर आपके यहाँ पहुँचा, तो पाया कि आप लोग वापस नहीं लौटे। इसीलिए यहाँ चला आया।''

धीरू काका ने आँखों के एक इशारे से श्रीवास्तव को बता दिया कि आपकी अँगूठी सुरक्षित है।

देखा कि वनबिहारी बाबू से श्रीवास्तव का खूब परिचय है। छोटे शहर में मुहल्ले के लोगों में सहज ही आपस में परिचय होता है।

श्रीवास्तव ने मजाक में कहा, ''वनबिहारी बाबू, आपके पहरेदार आजकल चकमा दे रहे हैं।''

वनबिहारी बाबू जरा अवाक् से होकर बोले, ''सो कैसे?''

''कल रात मेरे घर चोर आया और आपके जानवरों ने चूँ तक न की।''

''ऐं! चोर! आपके यहाँ? किस वक्त?''

''रात के तीन बजे के करीब। कुछ ले नहीं पाया। मेरी नींद खुल गई। इसलिए भाग गया।''

''न ले पाया चाहे, मगर उसे खूब एक्सपर्ट कहना होगा। कम-से-कम

मेरा 'बादशाह' बड़ा चौकन्ना रहता है। दो सौ गज के फासले पर तो आपका मकान है। और चोर आए, तो उसे मेरे अहाते के पीछे से ही आना होगा।''

''खैर। बात आपके कान में डाल दी।''

कॉफी के साथ बैरा एक प्रकार की मिठाई दे गया था। श्रीवास्तव ने कहा, ''यह संडीले का लड्डू है। संडीले का लड्डू, गुलाबी रेबड़ी और भुना पेड़ा—ये तीन मिठाइयाँ लखनऊ की स्पेशलिटी हैं।''

मुझे मिठाई बहुत अच्छी नहीं लगती। इसीलिए मैं इस बात पर खास ध्यान न देकर वनबिहारी बाबू को गौर कर रहा था। वह कुछ अनमने-से लग रहे थे। लेकिन देखा, फेलू-दा इसी बीच दो लड्डू चट कर गया और मेरी कॉफी के प्याले पर से मक्खी भगाने जैसा हाथ हिलाकर गजब क़ायदे से मेरी प्लेट से उसने एक लड्डू उठा लिया।

वनबिहारी बाबू ने अचानक श्रीवास्तव की ओर मुड़कर पूछा, ''आपकी वह बादशाही अँगूठी सही-सलामत है न?''

श्रीवास्तव को अचानक गले में फन्दा-सा लग गया। किसी तरह से अपने को सम्हालकर खाँसी को हँसी में बदल करके बोले, ''बाप रे, देखता हूँ, आपको याद है?''

पाइप से धुआँ छोड़ते हुए वनबिहारी बोले, ''याद नहीं रहेगा भला! गरचे मुझे उन बातों में कोई इंटरेस्ट नहीं है, फिर भी वैसी अँगूठी तो आमतौर से दिखाई नहीं पड़ती।''

श्रीवास्तव ने कहा, ''अँगूठी सही-सलामत है। उसकी वैल्यू मुझे मालूम है।''

वनबिहारी बाबू हठात् उठ खड़े हुए। बोले, ''माफ कीजिएगा। मेरी बिल्ली के खाने का समय हो गया।''

इस बात के बाद वहाँ रहा नहीं जा सकता था। सो हम लोग भी उठ खड़े हुए।

बाहर आए तो एक आदमी को हाथ में एक बैग लिए वनबिहारी बाबू के गेट से अन्दर आते देखा। उसके बदन की पेशियाँ खूब गठी हुई हैं, यह कुरता पहने होते हुए भी समझ में आ रहा था। सुना, उसका नाम शायद

गणेश गुहा है। वनबिहारी बाबू का जब जानवरों का व्यवसाय था, ये तब से हैं और अब शायद चिड़ियाघर की देखभाल करते हैं।

वनबिहारी बाबू ने कहा, "गणेश नहीं होता तो चिड़ियाघर की सम्हाल सम्भव नहीं थी। उसके लिए डर नाम की कोई चीज ही नहीं है। एक बार वाइल्ड कैट ने इसे खसोटा, फिर भी इसने मेरी नौकरी नहीं छोड़ी।"

हम लोग जब गाड़ी में बैठने लगे, तो वनबिहारी बाबू ने कहा, "आप लोगों के आने से बड़ा अच्छा लगा। बीच-बीच में आ जाया कीजिएगा! अभी तो हैं न यहाँ?"

पिताजी ने कहा, "कुछ दिन तो हूँ। सोच रहा हूँ फिर इन लोगों को एक बार हरिद्वार घुमा लाऊँ।"

"अच्छा! लछमन झूला से बारह फीट लम्बे एक पैथन की खबर मिली है। इसलिए मैं भी एक बार उधर जाने की सोच रहा था।"

श्रीवास्तव को हम लोगों ने उनके घर के सामने उतार दिया। ठीक इसी समय वनबिहारी बाबू के घर की तरफ से एक भयानक चीत्कार सुनाई पड़ा।

फेलू-दा ने जम्हाई लेकर कहा, "हायना।"

"बाप रे! इसी को हायना की हँसी कहते हैं!"

श्रीवास्तव ने कहा, "शुरू-शुरू में यह हँसी सुनकर मेरा बदन छमछम कर उठता था। अब तो आदत पड़ गई है।"

"आपके यहाँ कल तो फिर कुछ वाकया नहीं हुआ?" धीरू काका ने पूछा।

श्रीवास्तव ने हँसकर कहा, "नो-नो, नथिंग।"

हम लोग घर पहुँचे तो लगभग साँझ हो चुकी थी। गाड़ी से उतरा, तो दूर से ढोल-ढाल की आवाज आती सुनाई पड़ी। धीरू काका ने कहा, "दीवाली के समय यहाँ रामलीला होती है। यह उसी की तैयारी हो रही है।"

मैंने पूछा, "रामलीला कैसी होती है?"

"लगभग दस आदमी जितना ऊँचा एक रावण बनाकर उसके पेट में बारूद भर दिया जाता है। उसके बाद दो लड़कों को सजा-गुजाकर राम-लक्ष्मण बनाते हैं। वे दोनों रथ पर आते हैं। रावण पर निशाना लगाकर

तीर छोड़ते हैं। उसी समय रावण को आग दी जाती है। उसके बाद पटाखे, आसमान-तारा, चरखी, रंगमशाल छूटते-छूटते रावण जलकर खाक हो जाता है। वह देखने लायक होता है।''

घर में दाखिल होते ही बैरे ने श्रीवास्तव बाबू के आने की खबर दी।

उसके बाद बोला, ''एक साधु बाबा भी आया था। आधा घंटा बैठकर चला गया।''

''साधु बाबा?''

धीरू काका के भाव से लगा, वह किसी साधु को एक्सपेक्ट नहीं कर रहे थे।

''कहाँ पर बैठे थे?''

बैरे ने कहा, ''बैठक में।''

''मुझसे मुलाकात करना चाहते थे?''

''जी।''

''मेरा नाम ले रहे थे?''

बैरे ने इस पर भी कहा, ''जी हाँ।''

''अजीब बात है!''

जाने एकाएक क्या सोचकर धीरू काका आँधी की नाईं अपने सोने के कमरे में गए। उसके बाद हमें गोदरेज की अलमारी खोलने की आवाज सुनाई पड़ी—''गजब हो गया!''

पिताजी, मैं और फेलू-दा प्रायः एक साथ ही हड़बड़ाकर धीरू काका के कमरे में घुस पड़े।

देखा, वह अँगूठी की डिबिया हाथ में लिए आँखें बड़ी-बड़ी किए खड़े हैं।

डिबिया का ढक्कन खुला था। उसके भीतर अँगूठी नहीं थी।

धीरू काका कुछ देर तक बुद्धू-जैसे खड़े रहे और फिर धप्प से अपनी खाट पर गिर पड़े।

4

दूसरे दिन सवेरे सर्दी कुछ बढ़ी हुई-सी लगी। इसलिए पिताजी ने गले में गुलूबन्द लगा लेने को कहा–बाबूजी के कपाल पर शिकन थे और वह काफी अन्यमनस्क-से थे। देखकर मैंने समझा, वह खूब सोच रहे हैं। धीरू काका भी न जाने कहाँ निकल पड़े थे–और किसी को कुछ बताकर भी नहीं गए। वह कल की वारदात के बाद से बार-बार यही कह रहे हैं–'मैं श्रीवास्तव को मुँह कैसे दिखाऊँगा?' बेशक, पिताजी उन्हें बहुत ही दिलासा देने की कोशिश कर रहे थे–'तीसरे पहर संन्यासी के रूप में चोर आकर अँगूठी चुरा ले जाएगा, यह बात तुम जान कैसे सकते थे? इससे बेहतर है, तुम पुलिस में इसकी इत्तला कर दो। तुम तो बता रहे थे, इंस्पेक्टर गरगरी से तुम्हारा काफी परिचय है।' यह भी सम्भव है कि धीरू काका पुलिस में खबर देने के लिए ही निकले हों।

सबेरे जब हम जैम-रोटी के साथ चाय पी रहे थे, तो पिताजी ने कहा, "सोचा था, आज तुम लोगों को रेजिडेंसी दिखा लाऊँगा। लेकिन अब लग रहा है, आज रहने दो। तुम लोग बल्कि कहीं आसपास घूम जाना।"

यह सुनकर मुझे हँसी-सी हो आई, क्योंकि फेलू-दा कह रहा था कि उसे पैदल चलकर शहर देखने की इच्छा है और मैंने भी मन-ही-मन सोच रखा था कि मैं भी उसके साथ जाऊँगा। मैं जानता था कि शहर देखने के सिवाय भी उसे कुछ और मतलब है। मैं साँझ से ही गौर करता आ रहा था, उसकी निगाहें कैसी तो तीखी-तीखी हो आती हैं।

आठ बजे के जरा देर बाद ही हम दोनों निकल पड़े।

गेट के आसपास पहुँचकर फेलू-दा ने कहा, "मैं तुझे वार्निंग देता हूँ, बकबक करेगा या ज्यादा पूछताछ करेगा तो तुझे बैरंग लौटा दूँगा। तू बुद्धू-सा बने रहना और अगल-बगल से चलते रहना।"

"लेकिन धीरू काका अगर पुलिस में खबर कर दें।"

"उससे क्या होता है?"

"वे लोग अगर तुमसे पहले ही चोर को पकड़ लें?"

"उससे क्या, अपना नाम बदल लूँगा।"

धीरू काका का मकान जिस सड़क पर है, उसका नाम है फ्रेजर रोड। एकान्त-सा रास्ता, रास्ते के दोनों ओर गेट और बगीचावाले मकान। उनमें सिर्फ बंगाली ही रहते हैं, ऐसी बात नहीं। फ्रेजर रोड डपलिंग रोड से जा मिली है। लखनऊ में एक सुविधा है, रास्तों के नाम खासे बड़े-बड़े अक्षरों में पत्थर पर लिखे हैं। कलकत्ते की तरह ढूँढ़ निकालने में समय नहीं लगता।

डपलिंग रोड जहाँ पर पार्क रोड से मिली है, उसी मोड़ पर पान की एक दुकान देखकर फेलू-दा झूमता हुआ वहाँ गया, बोला, "मीठा पान है?"

"मीठा पान? मीठा पान तो नहीं है, बाबूजी! मगर मीठा मसाला डालकर लगा सकता हूँ।"

"वही दीजिए।" उसके बाद मेरी ओर मुड़कर बोला, "बंगाल छोड़ने से यही एक समस्या हो जाती है।"

पान मुँह में डालकर फेलू-दा ने कहा, "अच्छा भैया, हम इस शहर के लिए नए हैं। रामकृष्ण मिशन कहाँ है, बता सकते हैं आप?"

फेलू-दा ने अवश्य हिन्दी में ही पूछा था, पर दुकानदार ने कहा, "रामकिसन मिसिर?"

"रामकृष्ण मिशन! शहर में एक बड़े साधु बाबा आए हैं, मैं उन्हीं की तलाश में हूँ। मैंने सुना, वह रामकृष्ण मिशन में ठहरे हैं!"

सिर हिलाकर जाने क्या बुदबुदाते हुए दुकानदार बीड़ी बनाने लगा। लेकिन उस दुकान के पास ही बड़ी मूँछवाला एक आदमी बिस्कुट के एक जंग लगे पुराने डिब्बे को बजाकर गीत गा रहा था। वह अचानक फेलू-दा से पूछ बैठा, "काली मूँछ-दाढ़ीवाला काला चश्मा पहने है? यदि वह हो, तो

मैंने उसे कल साँझ को बताया था कि ताँगा स्टैंड कहाँ पर है।''

''ताँगा स्टैंड कहाँ पर है?''

''यहाँ से पाँच मिनट का रास्ता। उधर के चौरास्ते पर जाते ही कतार की कतार ताँगे-इक्के खड़े दिखाई देंगे।''

''शुक्रिया!''

मैंने शुक्रिया शब्द यहाँ पहली बार सुना। फेलू-दा ने बताया, ''यह उर्दू का 'थैंक यू' है।''

ताँगा पड़ाव पर पहुँचकर सात ताँगेवालों से पूछने के बाद आठवीं बार सत्तावन नम्बर के ताँगे वाले ने कहा, ''जी, कल शाम को गेरुआधारी मूँछ-दाढ़ी वाले आदमी ने किराए पर ताँगा ठीक तो किया था।''

''उस बाबाजी को कहाँ ले गए थे?'' फेलू-दा ने पूछा।

ताँगेवाले ने कहा, ''स्टेशन!''

''स्टेशन?''

''जी!''

''कितना किराया है यहाँ से?''

''बारह आने!''

''पहुँचने में कितनी देर लगेगी?''

''दसेक मिनट समझिए!''

''चार आना ज्यादा दूँ तो आठ मिनट में पहुँचा दोगे?''

''ट्रेन-सी ट्रेन! बढ़िया ट्रेन—बादशाही एक्सप्रेस!''

''ट्रेन पकड़नी है क्या?''

ताँगेवाला जरा बेवकूफ-सा था, हँसकर बोला, ''चलिए, आठ मिनट में पहुँचा दूँगा।''

ताँगा चल पड़ने के बाद मैंने फेलू-दा से जरा डरते हुए पूछा, ''वह साधु बाबा क्या अँगूठी लिए अभी तक स्टेशन पर ही बैठे होंगे?''

यह पूछते ही फेलू-दा ने कुछ इस तरह से घूरकर मेरी तरफ देखा कि मैं बिलकुल चुप लगा गया।

कुछ दूर चलने पर फेलू-दा ने ताँगेवाले से पूछा, ''बाबाजी के साथ कुछ

सामान-वामान भी था क्या?"

ताँगेवाला ने जरा सोचकर कहा, "लगता है, एक बक्स था। लेकिन खास बड़ा नहीं। छोटा-सा।"

"हूँ!"

स्टेशन पहुँचने पर बुकिंग ऑफिस के आदमी, गेट पर के चेकर, कुली-वुली–किसी से भी पूछकर कोई नतीजा नहीं निकला। रेस्टुरेंट के मैनेजर बंगाली थे। उन्होंने पूछा, "आप क्या पवित्रानन्द ठाकुर के बारे में पूछ रहे हैं, जो देहरादून में रहते हैं? वह तो महज तीन दिन हुए कि आए हैं। उनके वापस जाने का समय तो नहीं हुआ और उनके साथ तो ढेरों लोग हैं, चेले-चामुंडे!"

अन्त में फर्स्टक्लास वेटिंग रूम के दरबान से पूछने पर उसने बताया, "जी हाँ, एक गेरुआधारी दाढ़ीवाला आदमी कल आया तो था।"

"वेटिंग रूम में बैठे थे?"

"जी नहीं! बैठे नहीं थे।"

"तो?"

"बाथरूम में गए थे। हाथ में उनके छोटा-सा एक बक्सा था।"

"फिर?"

"फिर की तो नहीं जानता।"

"अरे! बाथरूम में घुसने के बाद से फिर उन्हें नहीं देखा?"

"याद तो नहीं आता कि देखा है।"

"तुम यहीं थे न?"

"जी, रहना तो था ही। दून एक्सप्रेस आ रही थी। काफ़ी लोग जो थे।"

"हो सकता है, फिर ध्यान नहीं रहा, यह भी तो हो सकता है?"

"सो हो सकता है।"

लेकिन उस आदमी के हावभाव से ऐसा लग रहा था कि वह यह कहना चाहता है, साधु बाबा निकलते तो वह जरूर देख पाता। लेकिन आखिर वह साधु बाबा गए कहाँ?

स्टेशन पर और ज्यादा रुकने से इस रहस्य का पता नहीं चलेगा, सो हम लोग बाहर निकल आए।

यहाँ भी ताँगों की कतारें लगी थीं। उन्हीं में से एक पर हम लोग सवार हो गए। ताँगे की अब हम अवज्ञा नहीं कर सकते थे, क्योंकि सत्तावन नम्बरवाले ने हमें सात मिनट सत्तावन सेकंड में स्टेशन पहुँचा दिया था।

इस बार भी ताँगा चलने के बाद मेरे मुँह से एक सवाल निकल पड़ा, "साधु बाबा बाथरूम में घुसकर छूमन्तर हो गए?"

फेलू-दा ने दाँतों के बीच से छिक् करके थोड़ी-सी पीक रास्ते पर फेंककर कहा, "हो सकता है। पहले के जमाने में तो साधु-संन्यासियों में छूमन्तर हो जाने की क्षमता थी, सुना है।"

समझ गया—फेलू-दा यह बात सीरियसली नहीं बोल रहा है। गो कि उसकी शक्ल देखकर ऐसा समझने का कोई उपाय नहीं था।

स्टेशन के गेट से बाहर चौड़ी सड़क पर आते ही बैंड की आवाज सुनाई पड़ी। भोंपर-भोंपर, भोंपर-भोंपर—आवाज इधर को बढ़ती आ रही थी।

उसके बाद देखा, हम लोगों जैसा ही एक ताँगा। लेकिन उस पर कागज का फूल, बैलून, झंडा—यह सब खूब सजाया हुआ था। बाजा एक लाउडस्पीकर से बज रहा था और रंगीन कागज की टोपी पहने एक आदमी अन्दर से ढेरों परचे रास्ते की तरफ फेंकता जा रहा था।

फेलू-दा ने कहा, "हिन्दी फिल्म का विज्ञापन है।"

वही था। ताँगा जरा और करीब आया कि रंगीन छपे विज्ञापन पर नजर पड़ी। तसवीर का नाम था—'डाकू मंसूर'।

दो-एक पर्चे हम लोगों के ताँगे पर भी आ गिरे। और ऐन इसी वक्त मुड़ा मुचड़ा-सा एक सादा कागज खूब जोर से आकर फेलू-दा की छाती पर वाली जेब से टकराकर गाड़ी पर गिर पड़ा।

मैंने जोर से कहा, "उस आदमी को मैंने देखा फेलू-दा। पोशाक काबलीवाले की, लेकिन..."

मेरी बात पूरी नहीं हुई। फेलू-दा ने झट उस कागज को उठाया और एक ही छलाँग में चलते ताँगे से रास्ते पर कूद पड़ा। वह आदमी जिधर

दिखाई पड़ा था, वह उसी ओर लपका। भीड़ में टक्कर बचाकर एक आदमी किस तेजी से दौड़ सकता है, यह मैंने यहीं पहली बार देखा।

इस बीच ताँगेवाले ने ताँगे को रोक जरूर दिया। मैं क्या करूँ? राह देखने लगा। बैंड की आवाज धीरे-धीरे खोती जा रही थी। लेकिन रास्ते पर कुछ बच्चे अभी भी पर्चे बीन रहे थे। इतने में हाँफते-हाँफते आकर ताँगेवाले को चलने का इशारा करके फेलू-दा उछलकर ताँगे पर आ गया। धप्प से अपनी सीट पर बैठकर बोला, "नई जगह में गली-कूचों का पता नहीं है, इसीलिए बच्चू की खैर हो गई।"

मैंने पूछा, "तुमने उस आदमी को देखा था?"

"तूने देखा और मैं नहीं देखूँगा?"

मैंने और कुछ नहीं कहा। फेलू-दा ने उस आदमी को नहीं देखा होता, तो मैं उसे कहता, 'गरचे उस आदमी के बदन पर काबलीवाले की पोशाक थी, पर उतना कम लम्बा काबलीवाला मैंने कभी नहीं देखा।'

फेलू-दा ने अब उस मुड़े कागज को जेब से निकाला। हाथ से घिसकर उसे सीधा किया और आँखों के खूब निकट ले जाकर उसमें जो लिखा था, उसे पढ़ा। उसके बाद उसे तीन तह करके मोड़कर अपने मनीबैग में रख लिया। उसमें लिखा क्या था, यह पूछने का मुझे साहस नहीं हुआ।

घर लौटा तो देखा, धीरू काका के साथ श्रीवास्तव आए हुए हैं। श्रीवास्तव को देखकर यह नहीं लगा कि अँगूठी के गुम जाने से उन्हें बहुत ज्यादा दुःख हुआ है। वह बोले, "वह अँगूठी असगुनिया थी। वह जिसके भी पास जाएगी उसी को दुश्चिंता होगी, मुसीबत होगी, घर में डाकू आएँगे। आप तो खुशकिस्मत हैं, धीरू बाबू! सोचिए, अगर डाकू आकर झमेला करते, गोली-बारूद छोड़ते!"

धीरू काका ने जरा हँसकर कहा, "उसका फिर भी एक मतलब होता। वह तो बिलकुल चकमा देकर बुद्धू बनाकर चीज लेकर चलता बना। यह बात मैं हरगिज हजम नहीं कर पा रहा हूँ।"

श्रीवास्तव ने कहा, "आप नाहक ही सोच क्यों रहे हैं, धीरू बाबू। वह अँगूठी मेरे पास होती तो भी जाती, आपके पास होती तो भी जाती। और

आप जो कह रहे थे कि पुलिस में खबर देंगे, यह भी मत कीजिएगा। उससे आपकी मुसीबत और भी बढ़ जाएगी। जिन्होंने चोरी की है, बिगड़कर वे लोग आप पर हमला करेंगे।''

फेलू-दा अब तक सोफ़े पर बैठा लाइफ मैगजीन देख रहा था। उसे बन्द करके उसने मेज पर रख दिया। दोनों हाथों को सोफ़े के पीछे की ओर फैलाकर बोला, ''महावीर बाबू इस अँगूठी के बारे में जानते हैं?''

''प्यारेलाल का लड़का?''

''जी।''

''यह तो मुझे ठीक-ठीक मालूम नहीं। महावीर दून स्कूल में पढ़ता था, वहीं रहता था। उसके बाद वह मिलिट्री स्कूल में गया। वह काम छोड़कर बम्बई चला गया, वहाँ फिल्म में काम करना शुरू कर दिया।''

''उनके फिल्म में जाने के मामले में प्यारेलाल की सहमति थी?''

''इसके बारे में प्यारेलाल ने मुझे कुछ नहीं बताया। मगर यह जानता हूँ कि वह बेटे को बहुत मानते थे।''

''प्यारेलाल के मरने के समय महावीर मौजूद थे?''

''नहीं। वह बम्बई में था। खबर पाने पर आया।''

धीरू काका ने कहा, ''फेलू बाबू तो पुलिस-जैसी जिरह कर रहा है।''

पिताजी ने कहा, ''वह शौकिया डिटेक्टिव है न! इस तरफ उसकी बड़ी रुचि है।''

सुनकर श्रीवास्तव ने खूब अवाक् होकर फेलू-दा को देखकर कहा, ''वाह, वेरी गुड, वेरी गुड!''

सिर्फ धीरू काका ने ही जरा मजाक के सुर में कहा, ''खुद डिटेक्टिव के ही घर से चीज चोरी गई, यही तो अफसोस रहा।''

फेलू-दा ने इन सब बातों पर बिना कुछ बोले-चाले श्रीवास्तव से और एक सवाल किया, ''फिल्म की ऐक्टिंग से महावीर को अच्छी कमाई होती है क्या?''

श्रीवास्तव ने कहा, ''यह तो ठीक पता नहीं। दो ही साल तो हुए हैं।''

''उन्हें यों रुपयों की कोई कमी है?''

"नहीं। प्यारेलाल जायदाद उसी को दे गए हैं। सिनेमा उसका शौक है।"

"हूँ।" कहकर फेलू-दा ने फिर 'लाइफ' मैगजीन को उठा लिया।

श्रीवास्तव ने एकाएक कलाई की घड़ी पर नजर डालकर कहा, "यह देखिए, आप लोगों के साथ बातों में मशगूल होकर अपने मरीज की ही बात भूल गया। मैं चलता हूँ!"

श्रीवास्तव को उनकी गाड़ी तक पहुँचाने के लिए पिताजी और धीरू काका बाहर चले गए, तो फेलू-दा ने मैगजीन बन्द करके बड़ी-सी एक जम्हाई लेकर कहा, "तुझे चाँद पर जाने की इच्छा होती है या मंगलग्रह पर?"

मैंने कहा, "मुझे अभी सिर्फ एक ही इच्छा होती है।"

मेरी बात पर कान न देकर फेलू-दा ने कहा, "लाइफ में चाँद के धरातल की तसवीर दी है। देखकर जगह खूब मजेदार नहीं लगती। मंगल के लिए फिर भी कौतूहल होता है।"

इस बार मैं कुर्सी से एकबारगी उठकर बोला, "फेलू-दा, मुझे तुम्हारे मैगजीन में जो कागज है, उसे देखने का कौतूहल हो रहा है।"

"ओ, वह!"

"वह दिखाओगे नहीं शायद?"

"वह उर्दू में लिखा है।"

"फिर भी देखूँ तो?"

"तो, देख।"

फेलू-दा ने तह किए हुए कागज को दो उँगलियों में पकड़कर कैरम की गोटी की तरह मेरी तरफ फेंक दिया। खोलकर देखा, उसमें लिखा था—"खूब होशियार!"

मैंने कहा, "तुमने कहा उर्दू है?"

"मूर्ख कहीं का! खूब और होशियार—दोनों ही शब्द तो उर्दू हैं। यह भी नहीं मालूम है तुझे?"

सच ही तो! याद आया, एक बार पिताजी ने कहा था—"कोई भी बंगला

उपन्यास लेकर उसके जिस किसी पन्ने को खोलकर पढ़ो तो देखोगे, लगभग आधे शब्द या तो उर्दू के हैं या फारसी के या अंग्रेजी के या फिर पुर्तगाली के या किसी अन्य भाषा के। ये सारे शब्द बंगला में इस तरह से चल गए हैं कि हम लोग भूल ही गए हैं, कि ये दरअसल बंगला भाषा के नहीं हैं।''

मैं लाल अक्षरों में लिखे उन दो शब्दों की ओर देख रहा हूँ। देखकर प्रायः मानो मेरे मन के प्रश्न का अंदाज करके ही फेलू-दा ने कहा, ''लगाए हुए पान की नोक से बहुत बार चूना-कत्था मिला हुआ लाल रस चू पड़ता है, देखा है? यह पान के उसी लाल रस से लिखा हुआ है।''

लिखावट को नाक के पास लाते ही मुझे पान की गन्ध मिली।

''लेकिन लिखा किसने है, सो तो कहो?''

''नहीं जानता।''

''आदमी आखिर बंगाली तो है ही?''

''नहीं कह सकता।''

''लेकिन तुम्हें क्यों लिखा? तुमने तो अँगूठी कोई चुराई नहीं है।''

फेलू-दा ठठाकर हँस पड़ा–''अरे बेवकूफ, धमकी क्या कोई चोर को देता है? धमकी उसे दी जाती है, जो चोर का दुश्मन है। यानी डिटेक्टिव को। इसीलिए इन सब कामों में डिटेक्टिव को जान हथेली पर लेकर ही उतरना पड़ता है।''

मेरा कलेजा धड़-धड़ कर उठा। और ऐसा लगा, जैसे गला सूखता आ रहा हो। थूक घोंटकर किसी तरह से कहा, ''तब तो अब से सच ही होशियार हो जाना चाहिए।''

''होशियार हुआ नहीं हूँ, यह बात तुमसे किसने कहा?'' यह कहकर जेब से एक गोल-सी डिबिया निकालकर फेलू-दा ने मेरी नाक के सामने रखी। मैंने देखा कि डिबिया के ढक्कन पर लिखा था–'दशंसंस्कार चूर्ण'।

यह दाँत मंजन है एक–यह मैं छुटपन से ही जानता हूँ, क्योंकि दादाजी उसका व्यवहार करते थे। इसलिए मैंने जरा अवाक् होकर ही कहा, ''दाँत

के मंजन से कैसे होशियार होगे फेलू-दा?"

"तेरी अकल की बलिहारी। यह दाँत का मंजन क्यों लेने लगा?"

"तो फिर उसमें क्या है?"

आँखें दोनों गोल करके, गले को चढ़ा-उतारकर फेलू-दा ने कहा, "यह चूरा किया हुआ ब्रह्मास्त्र है।"

5

रात को खाने-पीने के बाद फेलू-दा हठात् बोल उठा, "तोपसे, क्या लगता है, बोल तो?"

मैंने पूछा, "किस बात का क्या लगता है?"

"यही जो घटना-वटना घट रही है।"

"वाह रे, यह तो तुम बताओगे। मैं कैसे बताऊँ? मैं डिटेक्टिव थोड़े ही हूँ? और वह संन्यासी कौन है, यह जाने बिना तो कुछ भी नहीं समझ में आएगा।"

"लेकिन कुछ-कुछ चीज तो समझ में आ रही है। जैसे, संन्यासी बाथरूम में जो घुसा, सो निकला नहीं। यह तो बड़ा रिवीलिंग है।"

"रिवीलिंग यानी?"

"रिवीलिंग का मतलब है, जिससे बहुत कुछ समझा जा सकता है?"

"यहाँ उससे क्या समझ में आता है?"

"तू खुद से नहीं समझ रहा है?"

"मैं यह समझ रहा हूँ कि वेटिंगरूम के दरबान का ध्यान नहीं था।"

"तेरा सिर!"

"तो?"

"संन्यासी बाहर निकलता तो जरूर दरबान को दिखाई देता।"

"फिर? संन्यासी नहीं निकला?"

"संन्यासी के हाथ में क्या था, याद है?"

"मैं तो...ओ, हाँ-हाँ—अटैची थी।"

“संन्यासी के हाथ में तूने कभी अटैची देखी है?”

“सो तो नहीं देखी।”

“वही तो कह रहा हूँ। उसी से सन्देह होता है।”

“क्या सन्देह होता है?”

“यह कि संन्यासी असल में संन्यासी नहीं है। वह पैंट-शर्ट या धोती-कुरता वाले हम-जैसे ही असंन्यासी हैं। और उस अटैची में वही पोशाक थी। गेरुआ तो बनावटी बाना था। जहाँ तक सम्भव है, मूँछ-दाढ़ी भी।”

“समझ गया। उन सब चीजों को उसने अटैची में भर लिया और दूसरी पोशाक पहनकर निकल आया। इसी से दरबान उसे पहचान नहीं सका।”

“गुड! अब तेरा दिमाग खुला है।”

“लेकिन आज सबेरे तुम्हारे बदन पर कागज किसने मारा?”

“शायद हो कि उसने खुद ही, या फिर किसी आदमी ने। स्टेशन के आसपास घूम-फिर रहा था। मैंने इससे-उससे जो संन्यासी के बारे में पूछताछ की, वह उसने सुना होगा। इसी से धमकी दे गया।”

“समझ गया। लेकिन इसके अलावा और भी कोई रहस्य है क्या?”

“राम कहो, कह क्या रहा है तू? रहस्यों का भी कोई अन्त है? श्रीवास्तव का स्टैंडर्ड गाड़ी से किसने पीछा किया? वह भी वही संन्यासी था या और कोई? गेट के बाहर चारमीनार पीते हुए पान खाकर कौन निगरानी कर रहा था? प्यारेलाल ने किस स्पाई की बात कहनी चाही थी? वनबिहारी बाबू हिंसक जानवरों को क्यों पालते हैं? प्यारेलाल के बेटे ने वनबिहारी बाबू को पहले कहाँ देखा? वह अँगूठी के बारे में कितना जानता है?”

रात में बिस्तर पर पड़े-पड़े यही सब रहस्य की बात ही सोच रहा था। फेलू-दा ने एक नीली कॉपी में क्या सब तो लिखा। उसके बाद साढ़े-दस बजे सो गया। और सोने के जरा ही देर बार खर्राटा। सोचा; वह सो गया।

दूर से रामलीला के बाजे-गाजे की आवाज आ रही थी। एक बार एक जानवर की आवाज सुनी, शायद हो कि स्यार हो या कुत्ता। लेकिन पता नहीं क्यों, हठात वह हायना की हँसी-सी लगी।

वनबिहारी बाबू खूँखार जानवर पालते हैं, इसमें फेलू-दा के आश्चर्य की कौन-सी बात है? सब समय क्या सभी चीजों के पीछे कोई छिपा कारण ही होता है? अजीब-अजीब शौक की बात तो सुनने में आती है। वनबिहारी बाबू का चिड़ियाघर भी हो सकता है वैसा ही एक अजीब शौक हो।

यही सब सोचते-सोचते कब सो गया और कब फिर नींद खुल गई, मालूम नहीं। जागते ही लगा, चारों ओर भयानक सन्नाटा है। बाजे की आवाज बन्द हो चुकी थी। कुत्ता-सियार—कुछ नहीं बोल रहा था। सिर्फ फेलू-दा के जोर-जोर से निश्वास फेंकने की आवाज और माथे के पास टेबिल पर रखी टाइमपीस की टिक्-टिक्। मेरी आँखें पायताने की खिड़की की ओर चली गईं। खिड़की से रोज आसमान और आसमान के तारे दिखाई देते हैं। आज देखा, आकाश का बहुत कुछ ढँका है। कुछ अँधेरा-सा प्रायः सारे झरोखे को घेरे खड़ा था।

नींद का नशा उतरते ही समझ गया, वह एक आदमी है। खिड़की के सामने खड़ा हम लोगों के ही कमरे को देख रहा है।

गरचे बड़ा ही डर लग रहा था, फिर भी उस आदमी की ओर से आँखें नहीं फेर सका। आसमान में कुछ-कुछ तारे थे, पर कमरे में रोशनी नहीं थी। इसी से उस आदमी की शक्ल नहीं दिखाई पड़ रही थी। लेकिन इतना समझ रहा था कि उसके मुँह के नीचे का भाग—यानी नाक से थुथने तक—एक काले कपड़े से ढँका था!

अब देखा कि उस आदमी ने कमरे के भीतर की ओर हाथ बढ़ाया। खाली हाथ नहीं, हाथ में लम्बे डंडे-सी कोई चीज।

एक मीठी-सी लेकिन कड़ी गन्ध मेरी नाक में लगी। एक तो डर के मारे ही दम अटकता आ रहा था, अब हाथ-पाँव भी कैसे तो अवश हो आने लगे।

मेरे मन में जितना जोर था, सबको मिलाकर, शरीर को लगभग

बिलकुल न हिलाकर अपना बायाँ हाथ मैंने फेलू-दा की तरफ बढ़ा दिया।

आँखें मेरी लेकिन खिड़की पर थीं। वह आदमी अभी भी हाथ बढ़ाए ही हुए था। गन्ध बढ़ती ही जा रही थी। मेरा दिमाग भों-भों करने लगा था।

मेरा हाथ फेलू-दा की कमर से लगा। मैंने जरा ठेला। फेलू-दा जरा हिल उठा। हिलते ही खाट से कच-कच शब्द हुआ। और उस आवाज के होते ही खिड़की वाला आदमी हवा हो गया।

फेलू-दा ने निंदाए गले से कहा, "अरे, ठेल क्यों रहा है?"

मैंने सूखे गले से किसी तरह घोंट निगलकर कहा, "खिड़की पर।"

"कौन है खिड़की पर? अरे, यह गन्ध काहे की?" कहते ही फेलू-दा एक ही छलाँग में खिड़की के पास जा रहा। उसके बाद कुछ देर तक एकटक खिड़की से बाहर की ओर देखकर लौटकर बोला, "क्या देखा, ठीक से बता तो?"

मैं तब तक भी प्रायः लकड़ी-सा पड़ा था। किसी तरह से कहा, "एक आदमी, हाथ में डंडा...कमरे के अन्दर..."

"हाथ बढ़ाया था?"

"हाँ।"

"समझ गया। डंडे की नोक पर क्लोरोफार्म था। हमें बेहोश करना चाह रहा था।"

"क्यों?"

"शायद यह दूसरा अँगूठी-चोर हो। सोचा हो, अँगूठी अभी यहीं है। खैर! तू यह बात पिताजी या चाचा से मत कहना। नाहक ही नर्वस होकर मेरे काम का ही बंटाढार कर देंगे।"

दूसरे दिन सबेरे पिताजी और धीरू काका ने कहा, "अब कोई खास झमेला होगा, ऐसा नहीं लगता। अँगूठी के पता लगाने की जिम्मेदारी पुलिस को दे दी गई है। इंस्पेक्टर गरगरी ने काम शुरू कर दिया है।"

यदि पुलिस खोजकर अँगूठी निकाल ले, तो यह फेलू-दा के मन पर ठेस पहुँचाएगा, इसलिए मैंने मन-ही-मन प्रार्थना की कि 'पुलिसवाले किसी भी प्रकार से अँगूठी की खोज न कर सकें। यह क्रेडिट फेलू-दा को ही मिले।'

पिताजी ने कहा, "आज तुम लोगों को और भी कई जगह दिखा लाने की सोच रहा हूँ।"

तै पाया कि दोपहर के भोजन के बाद हम लोग निकलेंगे। कहाँ जाना होगा, यह बात वनबिहारी बाबू ने तै कर दी।

हम लोग सोकर उठे ही थे कि वनबिहारी बाबू आ पहुँचे। बोले, "आपके यहाँ दिन-दहाड़े डकैती हो गई, मैं यह खबर सुनकर चला आया। एक अच्छा-सा हाउंड पाल रखा होता तो यह नौबत नहीं आती। साधु बाबा का मतलब साधु या असाधु है, एक वेल ट्रेंड हाउंड को यह समझने में बस पाँच सेकंड लगता। खैर, चोर भाग ही गया तो अब बातें बनाने से क्या होता है!"

वनबिहारी बाबू अपने साथ कागज में मोड़कर पान ले आए थे। बोले, "लखनऊ शहर का बेस्ट पान। जरा खाकर देखिए। सिर्फ बनारस को छोड़ आप यह चीज कहीं नहीं पाएँगे।"

मैं मन-ही-मन सोच रहा था, कहीं वनबिहारी बाबू ज्यादा देर तक रह गए तो हम लोगों के बाहर जाने को बारह बज गया! इतने में वह खुद ही बोले, "अभी घर ही रह रहे हैं कि बाहर निकल रहे हैं!"

पिताजी ने कहा, "सोचा था, इन लोगों को कुछ दिखा लाऊँ। एक इमामबाड़े के सिवाय तो और कुछ दिखाया नहीं गया है।"

"अभी तक रेजिडेंसी नहीं देखी है?" भले आदमी ने यह मुझसे ही पूछा। मैंने सिर हिलाकर ना कर दिया।

"तो चलो। मेरे-जैसा गाइड तुम्हें नहीं मिलेगा। गदर के बारे में मुझे पूरी जानकारी है।"

उसके बाद वह धीरू काका की ओर मुड़कर बोले, "मुझे केवल एक ही बात जानने की उत्सुकता है कि अँगूठी गई कहाँ से? सन्दूक में

रखी थी?''

धीरू काका ने कहा, ''सन्दूक मेरे पास नहीं है। गोदरेज की अलमारी खोलकर ले गया है। उसकी कुंजी अवश्य मेरी ही जेब में थी। लगता है, डुप्लिकेट कुंजी से खोली है।''

''मैंने सुना कि अँगूठी की डिबिया छोड़ गया है? वेरी स्ट्रेंज! वह डिबिया दराज में थी?''

''हाँ।''

''दराज में ठीक तरह से खोजकर देख लिया है न?''

''हाँ। तीली-तीली झाड़कर।''

''लेकिन एक काम तो कर सकते हैं। अलमारी खोलनेवाले हैंडिल पर, डिबिया में उँगली के निशान हैं या नहीं, यह तो...''

''वह अगर होगा तो सबसे ज्यादा मेरी ही उँगली का निशान होगा। उससे सुविधा नहीं होगी।''

वनबिहारी बाबू ने सिर हिलाकर कहा, ''गजब के आदमी थे ये प्यारेलाल। अँगूठी का बीमा तक नहीं कराया! और जिन्हें दे गए, वह भी अवश्य मूर्ख ही हैं। खैर...हड्डी के डॉक्टर को अब हड्डी-तोड़ सबक मिला है।''

अब हमें ताँगे से जाने की जरूरत नहीं पड़ी। सभी वनबिहारी बाबू की ही गाड़ी पर सवार हो गए। फेलू-दा और मैं, आगे की सीट पर ड्राइवर के पास बैठे।

जब हम क्लाइव रोड होकर चलने लगे, तो वनबिहारी बाबू ने हम दोनों से कहा, ''तुम लोगों ने यह सोचा भी था कि यहाँ आकर तुम लोग एक ऐसे रहस्यपूर्ण मामले में उलझ जाओगे?''

मैंने सिर हिलाकर ना किया। फेलू-दा ही-ही करके जरा हँसा।

पिताजी ने कहा, ''फेलू बाबू के तो पौ बारह हैं, क्योंकि उसे इन बातों में खूब इंटरेस्ट है। वह, जिसे शौकिया कहते हैं न, वही डिटेक्टिव है।''

"अच्छा!"

वनबिहारी बाबू यह जानकर गोया खूब अवाक् और खुश हुए। बोले, "दिमागी कसरत के लिए यह बड़ी अच्छी चीज है। खैर, इस रहस्य का कोई किनारा कर पाए, फेलू बाबू?"

फेलू-दा ने कहा,"अभी तो महज शुरुआत है।"

"तुम कौन-से रहस्य की सोच रहे हो, नहीं जानता। मेरे लिए बहुत कुछ ही रहस्यजनक है।"

धीरू काका ने पूछा, "सो क्या?"

"मसलन संन्यासी ने अलमारी की कुंजी कहाँ पाई। और फिर नौकर-चाकरों के होते उस संन्यासी को इतनी हिम्मत ही कहाँ से आई कि वह सीधे आपके बेडरूम में जाए। तिस पर एक बात का खटका तो बहुत दिन पहले से ही लगा है।"

धीरू काका ने कहा, "किस बात का?"

"अँगूठी श्रीवास्तव को वास्तव में प्यारेलाल ने ही दी थी या श्रीवास्तव ने उसे और किसी उपाय से..."

धीरू काका ने टोककर कहा, "यह क्या बात हुई साहब, आप क्या श्रीवास्तव पर सन्देह करते हैं?"

"सन्देह तो हर किसी पर करना होगा, यहाँ तक कि हम पर, आप पर भी। है न, फेलू बाबू?"

फेलू-दा ने कहा, "बेशक। और, जिस दिन हमारे यहाँ संन्यासी आए थे, उस दिन श्रीवास्तव भी तो आए थे। तीसरे ही पहर। उसके बाद जब हम वहाँ नहीं मिले, तो वह वनबिहारी बाबू के यहाँ आए।"

"ऐकजेक्टली!" वनबिहारी बाबू मानो बदस्तूर जोश में आ गए।

इस बार बाबूजी ने जैसे तमतमाकर ही कहा, "लेकिन बात यह है, श्रीवास्तव ने अगर वह अँगूठी किसी गलत तरीके से पाई होती, तो वह उसे हम लोगों के पास क्यों रखते और रखकर फिर उसे चुराते ही क्यों?"

वनबिहारी बाबू जोरों से हँसकर बोले, "नहीं समझे? बड़ा सहज है यह। श्रीवास्तव के पीछे सच ही डाकू लगे हुए थे। डरपोक आदमी ठहरे। इसीलिए

उन्होंने अँगूठी को डर के मारे आप लोगों के पास रख दिया और, इधर सोलहों आना लोभ भी था। इसीलिए उन्होंने खुद ही फिर से उसे चुराकर चोरों को घपला दिया यानी एक ही ढेले में दो शिकार किए।''

मेरे दिमाग में सब कैसा तो जाने गड़बड़ होता जा रहा था। श्रीवास्तव जैसे भले आदमी, इतने खुशदिल–वह भला चोर हो सकते हैं? फेलू-दा भी क्या वनबिहारी बाबू से सहमत है, या कि वनबिहारी बाबू के कहने पर ही उसे पहली बार श्रीवास्तव पर सन्देह हुआ है?

वनबिहारी बाबू ने कहा, ''श्रीवास्तव निहायत ही भले आदमी हैं, इसमें कोई शक नहीं। लेकिन एक बार गौर से सोच देखिए–लखनऊ जैसा शहर–ऐसा क्या बड़ा है! वहाँ सिर्फ हड्डी की बीमारियों का इलाज करके इतना बड़ा मकान, गाड़ी, बगीचा, इतना-इतना सामान–सोचने से कुछ यह नहीं लगता है क्या?''

धीरू काका ने कहा, ''शायद हो कि उसके बाप की दौलत रही हो।''

वनबिहारी बाबू ने कहा, ''बाप इलाहाबाद के डाकखाने में एक मामूली किरानी थे।''

ऐसे में फेलू-दा एक फिजूल-सा सवाल कर बैठा, ''आपके किसी जानवर ने आपको कभी काटा है क्या?''

''नो! नेवर!''

''तो फिर आपके दाएँ हाथ की कलाई में वह दाग काहे का है?''

''ओ हो-हो, बहुत खूब, तुमने तो खूब गौर किया है! क्योंकि यह दाग सदा मेरी आस्तीन के अन्दर ही रहता है। यह असल में फेनसिंग करने में हुआ था। फेनसिंग समझते हो?''

फेलू-दा ही क्यों, मैं भी समझता हूँ, फेनसिंग किसे कहते हैं। रेपियर नाम की एक तरह की पतली लम्बी तलवार लेकर खेलने को फेनसिंग कहते हैं।

''फेनसिंग के सिलसिले में हाथ में खरोंच लगी। यह दाग उसी खरोंच का है।''

रेजिडेंसी सचमुच ही देखने की चीज है। सबसे पहली बात तो यह कि

जगह बड़ी सुन्दर है। चारों ओर बड़े-बड़े पेड़, पौधे। उन्हीं के बीच यहाँ-वहाँ गदर के जमाने के टूटे-फूटे मकान साहबों के। पेड़ों की डालों पर झुंड के झुंड बन्दर दिखाई दिए। लखनऊ के बन्दरों की बाबत पहले ही सुना था, इस बार उनकी हरकतें अपनी आँखों देखीं।

रास्ते के कुछ लड़के गुलेल से उन पर निशाना करके ढेला मार रहे थे। वनबिहारी बाबू ने उन्हें कसकर डाँट दिया। उसके बाद हम लोगों से बोले, ''जीव-जन्तुओं पर जुल्म को मैं सह नहीं सकता। बदकिस्मती से अपने ही देश में यह बात सबसे ज्यादा देखी जाती है।''

'सिपाही विद्रोह' की बात इतिहास में पढ़ी है। रेजिडेंसी को देखते हुए किताबों में पढ़ी वे घटनाएँ आँखों के सामने तिर आईं।

एक बड़े-से मकान के अन्दर हम लोग घूम-घूमकर देख रहे थे और वनबिहारी बाबू वर्णन करते चले जा रहे थे, ''सिपाही विद्रोह के समय लखनऊ में नवाबों का ही राज था। अंग्रेजों ने अपनी फौज इसी मकान के अन्दर रक्खी थी। उनके सेनापति थे सर हेनरी लारेंस। बगावत शुरू हो गई, यह देखकर जान के डर से लखनऊ शहर में जितनी भी साहब-मेमें थीं, सबने जाकर एक अस्पताल में पनाह ली। सर हेनरी कई दिन तक तो खूब लड़े, अन्त तक उनसे लड़ते नहीं बना। एक सिपाही की गोली से उनका काम तमाम हो गया और उसके बाद अंग्रेजों की क्या गत हुई, कुछ अन्दाज तो उसका इस इमारत के चेहरे से ही लगा सकते हो। सर कालिन कैम्पबेल यदि अन्त तक नई फौज लेकर आ नहीं पहुँचे होते, तो अंग्रेजों का नामो-निशान मिट गया होता।...यह कमरा बिलियर्ड खेलने का था। देखो, सिपाहियों के गोलों से दीवारों की क्या हालत हो गई है।''

पिताजी और धीरू काका रेजिडेंसी पहले ही देख चुके थे, इसलिए वे दोनों मैदान में पायचारी कर रहे थे। मैं और फेलू-दा ही तन्मय होकर वनबिहारी बाबू की बातें सुन रहे थे और दो सौ साल पहले की पतली मगर मजबूत ईंटों के बने अंग्रेजों के मकानों के खँडहर देख रहे थे कि हठात् उस कमरे की दीवार के एक छेद से तीर की तरह कोई चीज फेलू-दा के कान के पास से होकर पिछली दीवार से टकराकर जमीन पर गिरी। देखा, पत्थर

का एक टुकड़ा था।

दूसरे ही क्षण वनबिहारी बाबू ने झटके से फेलू-दा को अपनी ओर खींच लिया और ठीक उसी समय दूसरा एक पत्थर आकर फिर दीवार से लगकर कमरे के नीचे गिरा। ये पत्थर गुलेल से मारे गए थे, इसमें जरा भी शुबहा नहीं।

वनबिहारी बाबू की उम्र हो गई है, फिर भी वह अभी तक कितने चुस्त-दुरुस्त हैं, यह हमने खूब समझा। वह एक ही छलाँग में दीवार के एक काफी बड़े छेद से होकर बाहर की घास पर जा रहे। मैं और फेलू-दा भी उसी वक्त कूदकर उनके पास पहुँच गए। और वहाँ जाते ही देखा, पत्थर जिधर से आए थे, उस ओर काफी कुछ दूर पर लाल फेज टोपी और काला कोट पहने दाढ़ीवाला एक आदमी भागा जा रहा है।

फेलू-दा ने एक लम्हा भी बरबाद नहीं किया। वह सीधे उस आदमी की ओर दौड़ पड़ा। मैंने भी फेलू-दा के पीछे जाने के लिए कदम बढ़ाया था– लेकिन मेरे कुरते की आस्तीन थामकर वनबिहारी बाबू ने कहा, "तुम अभी भी स्कूल-बॉय हो तपेश, तुम्हारा इन बातों में न पड़ना ही अच्छा है।"

कुछ देर में फेलू-दा लौट आया। वनबिहारी बाबू ने पूछा, "पकड़ पाया?"

फेलू-दा कहा, "नहीं। काफी फासला था। वह एक काली स्टैंडर्ड गाड़ी पर चढ़कर भाग गया।"

वनबिहारी बाबू ने जरा धीमे-से कहा, "स्काउंड्रेल।" उसके बाद हम दोनों की पीठ पर हाथ रखकर कहा, "चलो। अब यहाँ रहना ठीक नहीं।"

जरा दूर आगे बढ़ा कि पिताजी और धीरू काका मिल गए। पिताजी ने पूछा, "फेलू इतना हाँफ क्यों रहा है?"

वनबिहारी बाबू ने कहा, "उसका इतना जासूसी न करना ही अच्छा है। लगता है, उसके पीछे गुंडे लग गए हैं।"

पिताजी और धीरू काका, दोनों ही यह घटना सुनकर घबड़ा गए।

इस पर वनबिहारी बाबू ने हँसते हुए कहा, "आप फिक्र न करें। मैं मजाक कर रहा था। असल में वे पत्थर मुझे ही निशाना बनाकर मारे गए

थे। मैंने उन छोरों को उस समय डाँट बताई थी न, यह उसी का बदला था।''

उसके बाद फेलू-दा की तरफ पलटकर बोले, ''मगर यह भी कहूँ फेलू बाबू, तुम्हारी भी उमर कच्ची है। परदेस में आकर एक बखेड़े में पड़ जाना क्या बहुत अच्छा होगा? अब से जरा सोच-विचार कर चलो।''

सुनकर फेलू-दा चुप रहा।

गाड़ी की तरफ बढ़ते हुए हम दोनों जरा पीछे रह गए थे, उसी मौके से मैंने फेलू-दा से फुसफुसाकर कहा, ''पत्थर तुम्हें मार रहा था कि उन्हें?''

फेलू-दा ने दाँत से दाँत दबाकर कहा, ''अरे, उन्हें मारा होता तो क्या वह चुप रहते? मारे शोर के रेजिडेंसी की इन कुछ बाकी ईंटों को गिरा नहीं देते?''

''मुझे भी यही लगता है।''

''लेकिन मुझे एक चीज हाथ लग गई है। भागते समय वह छोड़ गया था।''

''कौन-सी चीज?''

फेलू-दा ने जेब से काली-सी एक चीज निकालकर दिखाई। गौर से देखकर समझा, वह एक नकली मूँछ है। उसी में सूखी गोंद भी लगी दीखी।

उस मूँछ को फिर से जेब से रखकर फेलू-दा ने कहा, ''ये पत्थर तो मुझ पर ही फेंके गए थे, ये सज्जन इस बात को खूब अच्छी तरह से जानते हैं।''

''तो फिर उन्होंने कहा क्यों नहीं?''

''शायद हो कि हमें नर्वस कर देना चाहते हों और नहीं तो...''

''नहीं तो क्या?''

फेलू-दा ने जवाब के बदले माथा टेढ़ा करके चुटकी बजाकर कहा, ''मामला जमता आ रहा है रे, तोपसे। अब से तू मुझे बिलकुल डिस्टर्ब मत करना।''

उसके बाद दिनभर उसने मुझसे बात ही नहीं की। ज्यादा वक्त तो बगीचे में चहलकदमी करता रहा और बाकी समय अपनी नीली नोटबुक में अंटशंट क्या लिखता रहा। वह जब बगीचे में घूम रहा था, तो मैंने छिपकर एक बार उस कापी को उलट-पुलटकर देखा था, लेकिन उसका एक भी अक्षर मैं नहीं पढ़ सका। इसलिए कि वैसे अक्षर मैंने आज तक देखे ही नहीं।

6

ताँगे पर सवार होकर फेलू-दा ने कहा, ''हजरतगंज।''

मैंने पूछा, ''यह कौन-सी जगह है?''

''यह यहाँ की चौरंगी है। सिर्फ नवाबी अमल की चीजों के सिवाय भी तो यहाँ देखने की कई जगह हैं। आज जरा बाजार-दूकान घूम लें।''

कल रेजिडेंसी से लौटकर हम लोग वनबिहारी बाबू के यहाँ कॉफी पीने गए थे। उसी समय हमने उनके चिड़ियाघर को और एक बार देख लिया था। वही हायना, वही रैटल स्नेक, वही मकड़ा, वही जंगली बिल्ली, वही बिच्छू।

बैठक में बैठकर कॉफी पीते-पीते फेलू-दा ने एक दरवाजे की तरफ दिखाकर कहा, ''उस दरवाजे में उस दिन भी ताला पड़ा था, आज भी पड़ा है।''

वनबिहारी बाबू ने कहा, ''हाँ, वह एक एकस्ट्रा कमरा है। जब से आया हूँ तभी से ताला लगाकर रक्खा है। खुला रखने से ही झाड़ने-पोंछने का हंगामा हो जाता है, समझ गए न!''

फेलू-दा ने कहा, ''तब तो इसका ताला जरूर बदला गया है, क्योंकि इसमें तो जंग नहीं लगी है।''

वनबिहारी बाबू ने फेलू-दा की ओर हँसती हुई-सी लेकिन तीखी निगाह डालकर कहा, ''हाँ। पहलेवाले ताले में इतनी जंग लग गई थी कि बदलने को मजबूर होना पड़ा।''

पिताजी ने कहा, ''हम लोग यह सोच रहे थे कि इसी बीच

हरिद्वार-लक्ष्मण झूला हो आएँ।''

वनबिहारी बाबू ने पाइप सुलगाकर एक लम्बा कश खींचते हुए कड़ी गन्धवाला धुआँ छोड़ते हुए कहा, ''कब जाइएगा? अगर परसों जाएँ तो मैं भी आप लोगों का साथ दे सकता हूँ। मुझे ऐसे भी उस बारह फुटवाले अजगर को देखने जाना जरूरी है। और, फेलू बाबू ने भी इस क़दर जासूसी शुरू की है कि कई दिनों के लिए शहर छोड़कर कहीं चल देना शायद सबके लिए कल्याणकारी है।''

धीरू काका ने कहा, ''मेरे लिए तो शहर छोड़कर जाने का उपाय नहीं है। तुम्हीं सब लोग घूम जाओ न। फेलू और तपेश, इन दोनों के लिए लछमन झूला देखे बिना लौट जाना ठीक नहीं होगा।''

वनबिहारी बाबू ने कहा, ''हमारे साथ चलने से आप लोगों को एक सुविधा होगी। मेरी पहचान की धर्मशाला है, और फिर, हरिद्वार से लछमन झूला जाने के लिए जान-पहचान के लोगों से मैं गाड़ी का इन्तजाम भी करा दे सकूँगा। अब आप लोग अपना तै करें।''

तै पाया कि परसों, शुक्रवार को ही हम लोग रवाना होंगे। वनबिहारी बाबू अगर दो दिन पहले हम लोगों के साथ चलने को कहते, तो मुझे खूब अच्छा ही लगता। लेकिन आज तीसरे पहर रेजिडेंसी में जो घटना हुई, उससे इस आदमी के प्रति मेरे मन में कैसा तो एक खटका-सा हो गया है। फिर भी जब यह देखा कि इसमें फेलू-दा को खास ज्यादा आपत्ति नहीं है, तो मैंने भी जाने के लिए अपने मन को तैयार कर लिया।

आज सबेरे उठकर फेलू-दा ने कहा, ''मेरी दाढ़ी बनाने के ब्लेड्स खत्म हो गए हैं। वहाँ जाने से मुश्किल में पड़ूँगा। चलो, ब्लेड खरीद लाएँ।''

सो हम दोनों ताँगे से निकल पड़े। हजरतगंज में शायद सबकुछ मिलता है। कल से ही मैं देखता आ रहा हूँ कि फेलू-दा अब अँगूठी के बारे में कुछ भी नहीं बोल रहा है। आज सवेरे जब वह नहाने गया था, तो मैंने फिर एक बार उसकी उस नोटबुक को खोलकर देखा था। लेकिन पढ़ नहीं सका। अक्षरों में कोई-कोई तो अंग्रेजी-सा लगता, लेकिन ज्यादातर अनजाने।

ताँगे से चलते-चलते मैं अपनी उत्सुकता को और जब्त नहीं कर सका।

फेलू-दा से पूछ ही बैठा।

पहले तो वह छिपकर अपनी कापी देखने की वजह से मुझ पर बेहद नाराज हो गया। बोला, "तूने यह बड़ा घिनौना काम किया है। तुझे करीब-करीब क्रिमिनल ही कहा जा सकता है।"

उसके बाद जरा नर्म होकर बोला, "तेरे लिए उसे पढ़ने की कोशिश करना बिलकुल बेकार है। क्योंकि तू वह अक्षर नहीं जानता।"

"वह किस भाषा के अक्षर हैं?"

"ग्रीक।"

"भाषा भी ग्रीक ही है?"

"नहीं।"

"तो?"

"अंग्रेजी।"

"मगर तुमने ग्रीक अक्षर कब सीखे?"

"वह तो बहुत पहले सीखा था। फर्स्ट इयर में ही। अलफा, बीटा, गामा, डेल्टा, पाइ, मिउ, एपसाइलन–यह सब तो गणित में ही सीखा और बाकी सब सीख लिया था, एनसाइक्लोपीडिया ब्रिटानिका से। अंग्रेजी को ग्रीक अक्षर में लिखने से मजे की एक सांकेतिक भाषा बन जाती है। साधारण आदमी की मजाल नहीं कि उसे पढ़ ले।"

"ग्रीक में लखनऊ के हिज्जे क्या होंगे?"

"लैमडा उपसाइलन कापा निउ ओमिक्रन उपसाइलन! सी और डब्ल्यू–ये दो अक्षर ग्रीक में नहीं हैं। इसीलिए हिज्जे होगा–L-UK-NOU।"

"और कलकत्ते के हिज्जे?"

"कापा अलफा लैमडा कापा उपसाइलन टाउ टाउ अलफा।"

"हाय मेरे बाप! तीन ही हिज्जे लगाने में घंटी खत्म।"

चौरंगी कहना अत्युक्ति होगी, लेकिन हजरतगंज की दुकानें-वुकानें देखने-भालने में काफी अच्छी हैं।

ताँगे का किराया चुकाकर मैं और फेलू-दा पैदल चलने लगे।

"वह रही मनिहारी की दुकान, फेलू-दा। वहाँ ब्लेड जरूर मिलेगा।"

"ठहरो, पहले एक और काम कर लूँ।"

कुछ दूर और चलकर हठात एक दुकान देखकर फेलू-दा उसी की ओर बढ़ गया। दुकान के सामने लाल साइनबोर्ड पर ऊँचे-ऊँचे सुनहले हरूफों में लिखा था :

MALKANI & Co.

ANTIQUE & CURIO DEALERS

काँच से ही दुकान का अन्दर का भाग दिखाई दे रहा था। मैंने समझ लिया कि यह पुराने जमाने की चीजों की दुकान है। अन्दर जाकर देखा, पुराने अमल की चीजों से दुकान गिजगिज कर रही है। गहना-गुरिया, कालीन, घड़ी, कुर्सी-मेज, झाड़-फानूस, जड़ी हुई तसवीरें और भी जाने कितना क्या?

सोने की ऐनक पहने सफेद बालोंवाले एक बूढ़े सज्जन हमारी ओर आए।

फेलू-दा ने पूछा, "आपके यहाँ बादशाही जमाने के कुछ गहने-पाते हैं?"

"गहने तो नहीं हैं। लेकिन मुगलों के समय के ढाल, तलवार, जाजिम, झेलम—ये सब हैं। दिखाऊँ?"

काँच का एक इत्रदान हाथ में लेकर देखते हुए फेलू-दा ने कहा, "प्यारेलाल के पास कुछ मुगल-कालीन जेवर देखे थे। वह तो आपके खासे बड़े खरीदार थे, क्यों?"

भले आदमी कुछ अचम्भे में आए।

"बड़े खरीदार? कौन प्यारेलाल?"

"वही, प्यारेलाल सेठ, जो कुछ ही दिन हुए, गुजर गए।"

मलकानी ने सिर हिलाकर कहा, "उन्होंने मुझसे कभी भी कुछ नहीं खरीदा और मुझसे बड़ी दुकान यहाँ दूसरी नहीं है।"

"आई सी! तो लगता है, जब वह कलकत्ते में थे, तब खरीदा होगा।"

"शायद!"

"यहाँ बड़ा खरीदार कहने से आप किसको कहेंगे?"

मलकानी का चेहरा देखकर समझा कि उसके बड़े खरीदार ज्यादा नहीं

हैं। बोले, "विदेशी टूरिस्ट कभी-कभी आकर अच्छी चीजें खासी कीमत पर खरीदकर ले जाते हैं। यहाँ के खरीदारों में मिस्टर मेहता हैं। बीच-बीच में यह-वह खरीदकर ले जाते हैं। और मिस्टर पेस्टन जी मेरे बड़े ही पुराने ग्राहक हैं—उस रोज तीन सौ रुपए में एक कालीन खरीदकर ले गए हैं, खास ईरान की चीज।"

फेलू-दा ने एकाएक हाथी के दाँत की बनी एक नाव को उँगली से दिखाते हुए पूछा, "यह चीज बंगाल की है न?"

"जी! मुर्शिदाबाद की।"

"देखा, तोपसे। कैसा बजरा बनाया है!"

सचमुच, हाथी के दाँत की बनी नाव में इतनी सुन्दर कारीगरी मैंने कभी नहीं देखी। बजरे की छत पर शामियाने के नीचे बैठा नवाब गुड़गुड़ी पी रहा है, उसके दोनों बाजू दोस्त अहबाब, सभासद बैठे हैं। सामने गीत-नाच चल रहा है। सोलह मल्लाह डाँड़ चला रहे हैं और एक आदमी पतवार थामे बैठा है। उसके अलावा सिपाही-प्यादे सबकुछ हैं और सब कुछ-कुछ इस खूबी के साथ बने हैं कि देखकर टकटकी लग जाती है।

फेलू-दा ने पूछा, "यह आपको कहाँ मिली?"

"इसे मिस्टर सरकार ने बेचा।"

"मिस्टर सरकार कौन?"

"मिस्टर बी. सरकार, जो बादशाह नगर में रहते हैं। वह समय-समय पर कुछ-न-कुछ खरीदा करते हैं। उनके पास अच्छी-अच्छी चीजें हैं।"

"आई सी! ठीक है! शुक्रिया! आपकी दुकान खूब अच्छी लगी। गुड-डे।"

"गुड-डे, सर।"

दुकान से बाहर निकलकर फेलू-दा ने कहा, "यानी कि वनबिहारी सरकार की इन सब दुकानों में आमद-रफ्त है! अवश्य, यह सन्देह मुझे पहले ही हुआ था।"

"लेकिन उन्होंने तो कहा था, इन बातों से उन्हें कोई अभिरुचि नहीं है?"

"अभिरुचि न हो, तो पत्थर को देखकर ही कोई कह सकता है कि असली है या नकली?"

मलकानी ब्रदर्स के सामने ही देखा, एम्पायर बुक स्टाल नाम की एक किताब की दुकान है। फेलू-दा ने कहा, हरिद्वार-लछमन झूला के बारे में कोई किताब खरीद लेनी चाहिए, सो हम लोग उस दुकान में दाखिल हुए। जाते ही देखा कि वहाँ प्यारेलाल का लड़का महावीर है।

फेलू-दा ने फुसफुसाकर कहा, "क्रिकेट की किताब खरीद रहा है। वेरी गुड।"

महावीर हम लोगों की तरफ पीठ किए खड़ा-खड़ा किताब खरीद रहा था। इसलिए वह हम लोगों को देख नहीं सका।

फेलू-दा दुकानदार की तरफ बढ़कर बोला, "आपके यहाँ नेविल कार्डास की कोई किताब है?"

यह कहना था कि महावीर ने फेलू-दा की तरफ ताका। मैं जानता था कि नेविल कार्डास ने क्रिकेट पर बहुत अच्छी-अच्छी किताबें लिखी हैं।

दुकानदार ने पूछा, "उनकी कौन-सी किताब चाहिए आपको?"

"Centuries है?"

"जी नहीं! लेकिन उनकी दूसरी किताबें दिखा सकता हूँ।"

होंठों पर हँसी बिखेरे महावीर फेलू-दा की ओर बढ़ आया। बोला, "आपको क्रिकेट से इंटरेस्ट है, क्यों?"

"जी! आपको भी है, देख रहा हूँ।"

महावीर ने अपने हाथ की किताब फेलू-दा को दिखाकर कहा, "इस किताब के लिए मैंने आर्डर दे रखा था। ब्रेडमैन की आत्मकथा है।"

"ओहो, मैंने पढ़ी है। गजब की किताब है।"

"आपका क्या ख्याल है, रणजी बड़े थे या ब्रेडमैन?"

वे दोनों क्रिकेट की चर्चा में बेतरह मशगूल हो गए। खड़े-खड़े कुछ देर तक बातें करने के बाद महावीर ने कहा, "पास ही में क्वालिटी है। चलिए न, बैठकर जरा चाय पिएँ!"

फेलू-दा ने ऐतराज नहीं किया। हम तीनों क्वालिटी में दाखिल हुए। उन

दोनों ने चाय और मैंने कोका-कोला का ऑर्डर दिया। महावीर ने पूछा, ''आप स्वयं क्रिकेट खेलते हैं?''

फेलू-दा ने कहा, ''खेला करता था। स्लो स्पिन बॉल देता था। लखनऊ में मैं क्रिकेट खेल गया हूँ।...और आप?''

''मैंने दून स्कूल में फर्स्ट इलेवन में खेला है। पिताजी भी स्कूल-जीवन में अच्छा खेलते थे।''

प्यारेलाल की बात बोलकर ही महावीर जाने कैसा गम्भीर हो गया।

फेलू-दा ने चाय ढालते हुए कहा, ''अँगूठी की बात आप जरूर जानते होंगे?''

''हाँ। डॉक्टर श्रीवास्तव के यहाँ गया था। उन्होंने बताया।''

''अँगूठी जो आपके पिताजी की थी और उन्होंने उसे श्रीवास्तव को दे दिया था, यह बात आप जानते थे न?''

''पिताजी ने मुझसे बहुत पहले ही कहा था कि मुझे भला-चंगा कर देने के कारण वह श्रीवास्तव को कुछ देना चाहते हैं। क्या देना चाहते हैं, यह बात अवश्य उनके मरने के बाद श्रीवास्तव से ही सुनी।''

उसके बाद अचानक फेलू-दा की ओर ताककर महावीर ने कहा, ''लेकिन इस मामले में आपने इतनी दिलचस्पी क्यों ली है?''

फेलू-दा ने मुस्कराकर कहा, ''यह मेरा एक शौक है।''

चाय की चुसकी लेकर महावीर मानो जरा अनमना-सा हो गया।

फेलू-दा ने पूछा, ''आपके घर में और कौन रहते हैं?''

''मेरी एक बूढ़ी बुआ हैं और फिर नौकर-चाकर।''

''नौकर-चाकर क्या पुराने हैं?''

''सभी मेरी पैदाइश से पहले से हैं। यानी कलकत्ते में जब रह रहे थे, तब से। प्रीतमसिंह बैरा को पैंतीस साल हो गए।''

''अँगूठी-जैसी और कोई चीज आपके पिताजी के पास थी?''

''पिताजी के इस शौक की बात मैं लगभग भूल ही गया था। यह बहुत दिन पहले की बात है। तब मैं निहायत छोटा था। उस दिन मैंने पिताजी के एक सन्दूक को खोला था, उसमें मैंने बादशाही जमाने की और भी कुछ

चीजें पाई हैं। मगर उस अँगूठी जितनी कीमती शायद कुछ नहीं है।''

मैंने स्ट्रा से अपने ठंडे कोका-कोला की चुसकी ली। महावीर जरा देर चुप रहा। फिर गले को जरा धीमा करके बोला, ''प्रीतमसिंह ने मुझे एक अजीब ही बात बताई है।''

फेलू-दा चुप होकर इन्तजार करने लगा। रेस्टूरेंट के चारों ओर एक बार निगाह दौड़ाकर फेलू-दा की तरफ जरा झुक करके महावीर ने कहा, ''पिताजी को जिस दिन दूसरी बार दिल का दौरा पड़ा, उस दिन सबेरे ऐटेक होने के कुछ पहले ही प्रीतमसिंह ने पिताजी के ही गले की एक चीख सुनी थी।''

''अच्छा!''

''लेकिन प्रीतमसिंह उस समय ज्यादा नहीं घबराया था। इसलिए कि पिताजी की कमर में कभी-कभी एक तरह का दर्द होता था, वैसी हालत में कुर्सी या बिस्तर से उठकर खड़े होने पर वह उस तरह से चीखा करते थे। लेकिन इसके बावजूद वह किसी की मदद नहीं लेते थे। प्रीतमसिंह ने पहले सोचा था, दर्द की वजह से ही वह चीख रहे हैं। लेकिन अब कहता है, उससे गलती हो गई हो शायद, क्योंकि वह चीख बड़े जोरों की थी।''

''अच्छा, उस दिन आपके पिताजी से कोई मिलने गए थे या नहीं, इस बात की कोई जानकारी है आपको? प्रीतमसिंह को कुछ याद है?''

''मैंने उससे पूछा तो था पर वह ठीक-ठीक कुछ कह नहीं पाता है। सबेरे के समय बीच-बीच में पिताजी के पास लोग-बाग आया करते थे। लेकिन खास करके उस दिन उनके पास कोई आया था या नहीं, यह प्रीतमसिंह नहीं बता पा रहा है। प्रीतम जब पिताजी के कमरे में गया, तो उनकी हालत बहुत ही खराब थी और उस समय कमरे में दूसरा कोई भी नहीं था। उसके बाद प्रीतम ने ही फोन करके श्रीवास्तव को बुलाया। पिताजी के दिल का जो इलाज करते थे, वह डॉक्टर ग्राहम उस दिन एक कान्फरेंस में इलाहाबाद गए हुए थे।''

''और, स्पाई के बारे में आपका क्या ख्याल है?''

''स्पाई!'' महावीर मानो आसमान पर से गिरा।

"ओ, तो आप यह बात नहीं जानते। आपके पिताजी श्रीवास्तव को 'स्पाई' के बारे में क्या तो कहना चाहते थे, मगर बात पूरी नहीं कर पाए।"

महावीर ने सिर हिलाकर कहा, "मेरे लिए यह बिलकुल नई बात है। इसके बारे में मैं कुछ भी नहीं जानता और पिताजी से गुप्तचर का क्या वास्ता हो सकता है, यह मैं कल्पना भी नहीं कर सकता।"

मैंने कोका-कोला को समाप्त करके अभी-अभी स्ट्रा को मरोड़ डाला कि देखा, एक बड़ा तगड़ा-सा आदमी हम लोगों के पास मेज पर चाय पीते-पीते हम लोगों की ही तरफ ताक रहा है। मुझसे नजर मिलते ही वह सज्जन टेबिल से उठकर हमारी तरफ आए और फेलू-दा की तरफ गरदन झुकाकर बोले, "नमस्कार! पहचान रहे हैं?"

"बेशक। क्यों न पहचानूँगा?"

मैं पहले पहचान नहीं सका, पर एकाएक ध्यान करके याद आ गया– यही वनबिहारी के यहाँ रहते हैं और उनके चिड़ियाघर की देखभाल करते हैं। भले आदमी की ठोड़ी पर स्टिकिंग प्लास्टर का क्रास-सा लगा था। हो सकता है, दाढ़ी बनाने में कट गया हो।

फेलू-दा ने कहा, "बैठिए। ये हैं महावीर सेठ और ये हैं गणेश गुहा।"

अब मैंने गौर किया कि भले आदमी की गरदन में भी खरोंच का एक दाग है। गरचे वह दाग बहुत पुराना है।

फेलू-दा ने पूछा, "आपकी ठोड़ी पर क्या हो गया?"

गणेश बाबू अपनी टेबिल पर से चाय के प्याले को उठा लाकर हमारी मेज पर रखकर बोले, "अरे साहब, पूछिए मत! यह सारा बदन ही जो आज तक फट-फुटकर खत्म नहीं हो गया, यही गनीमत है। मेरी नौकरी क्या है, यह तो आप जानते ही हैं।"

"जानता हूँ। मगर मेरा ख्याल था, यह नौकरी आप खुशी से ही करते हैं।"

"पागल! सब इस पापी पेट के लिए। कभी बीजू सर्कस में बाघों का इंचार्ज था। लेकिन बाघ तो अफीम खाकर बुत बना पड़ा रहता था। वनबिहारी बाबू के इन जानवरों के सामने तो वे दूध पीते बच्चे थे! उस रोज

बिल्ली ने खरोंचा, कल हायना ने थप्पड़ जमाया! मुझसे अब रहा नहीं गया। सबेरे जाकर उनसे कह आया, "मेरा हिसाब कर दीजिए। मैं फिर से सर्कस में जा रहा हूँ! खैर, भले आदमी मान गए।"

फेलू-दा यह खबर सुनकर मानो अवाक् हो गया। बोला, "अरे! आपने वनबिहारी बाबू की नौकरी छोड़ दी? हम लोग तो कल तीसरे पहर भी उनके यहाँ हो आए हैं।"

"जानता हूँ। आप ही सिर्फ क्यों, बहुतेरे जाएँगे। मगर मैं अब उधर की छाँह नहीं छूने का। बस, अभी स्टेशन चला और जाकर हावड़ा का टिकट कटाऊँगा। बस, सुबह का भूला शाम को घर लौटा। और–" झुककर वह अपना मुँह फेलू-दा के कान के पास ले आए, "एक बात आपको बताता जाऊँ, आदमी वह खूब 'वो' है।"

"वनबिहारी बाबू?"

"पहले ठीक ही थे। इधर हाथ में एक चीज जो आ गई है, सो दिमाग खराब हो गया है।"

"कौन-सी चीज?"

"वह नहीं बताया तो..." कहकर गणेश गुहा ने चाय के पैसे टेबिल पर रख दिए और रेस्टूरेंट से हवा हो गया।

फेलू-दा ने अब महावीर की ओर घूमकर कहा, "आपने वनबिहारी बाबू का चिड़ियाघर देखा है?"

"जाने की ख्वाहिश थीं–लेकिन नहीं जा पाया। पिताजी नहीं चाहते थे। वैसे जानवर-वानवर वह कोई पसन्द नहीं करते थे। तेलचिट्टे को देखकर ही उन्हें धड़कन होने लगती थी। मगर अब सोचता हूँ, एक दिन जाकर देख आऊँ।"

चुटकी बजाकर महावीर ने बैरे को बुलाया। चाय का दाम अवश्य फेलू-दा ने देना चाहा था, पर महावीर ने देने नहीं दिया। मैंने मन-ही-मन सोचा, फिल्म ऐक्टर के पास बहुत रुपए होते हैं, लिहाजा महावीर चुकाए तो कोई हर्ज नहीं है।

बिल के पैसे चुकाने के बाद महावीर ने सिगरेट की डिब्बी जेब से

निकालकर फेलू-दा की ओर बढ़ाया। मैंने देखा–चारमीनार की डिब्बी।

''आप कब तक हैं?'' महावीर ने पूछा।

''परसों दो-एक दिन के लिए हरिद्वार जा रहा हूँ। उसके बाद लौटकर इस महीने भर यहाँ रहूँगा।''

''आप सभी लोग हरिद्वार जा रहे हैं?''

''धीरेन बाबू को काम है, इसलिए वह नहीं जाएँगे। हम तीन जने जा रहे हैं और शायद वनबिहारी बाबू। वह लछमन-झूला में किसी अजगर का पता करने जा रहे हैं।''

हम लोग रेस्टूरेंट से बाहर आ गए। महावीर ने कहा, ''मेरे पास गाड़ी है। मैं लिफ्ट दे सकता हूँ।''

फेलू-दा ने धन्यवाद देकर कहा, ''छोड़िए। मोटर पर तो कलकत्ता में हमेशा ही चढ़ता हूँ। यहाँ ताँगा बड़े मजे का लग रहा है।''

अब महावीर फेलू-दा के करीब आ गया। उसका हाथ अपनी मुट्ठी में लेकर बोला, ''आपसे परिचय करके सच ही बड़ी खुशी हुई। एक बात आपसे कहूँ, यदि मैं यह जान पाऊँ कि पिताजी की मृत्यु स्वाभाविक मृत्यु नहीं थी, उसके लिए और कोई जिम्मेदार है, तो उस अपराधी खूनी को ढूँढ़ निकालकर मैं बदला लूँगा, अवश्य ही लूँगा। मेरी उम्र ज्यादा न हो चाहे, मगर मैं चार साल मिलिटरी एकेडेमी में था। रिवॉल्वर का लाइसेंस है। मेरे जैसा अचूक निशाना बहुत ज्यादा लोगों का नहीं है।...गुड बाई।''

रास्ता पार करके महावीर एक स्टैंडर्ड गाड़ी पर बैठकर हुश् से निकल गया।

फेलू-दा ने कहा, ''शाबाश!''

मैंने मन-ही-मन कहा, 'फेलू-दा ने जो कहा था, पेंच के अन्दर पेंच, वह गलत नहीं है।'

ताँगे की तलाश में हम लोगों ने चलना शुरू किया। यह भी समझ रहा था कि ब्लेडों की भी फेलू-दा को शायद वैसी जरूरत नहीं है।

7

हरिद्वार दून एक्सप्रेस से जाना चाहिए। लखनऊ से शाम को छूटती है और भोर में साढ़े चार बजे हरिद्वार पहुँच जाती है।

लखनऊ आने से पहले जब हरिद्वार जाने की बात आई, तो मुझे बड़ा मजा आया था, क्योंकि पुरी के सिवाय मैंने कोई तीर्थस्थान नहीं देखा। लेकिन लखनऊ में यह जो अँगूठीवाली घटना घट गई और उस रहस्य का अभी तक जो कोई पता नहीं चल पाया, इसलिए अभी लखनऊ छोड़कर जाने की मेरी इच्छा अधिक नहीं हो रही थी।

लेकिन देखा, फेलू-दा के उत्साह की कोई कमी नहीं है। उसने कहा, ''हरिद्वार, ऋषिकेश और लछमन झूला, एक-एक करके इन तीन जगहों को देखकर देखना, क्या मजा आता है! क्योंकि तीनों जगह गंगा को तीन किस्म की देखोगे। जितना ही उत्तर जाओगे, देखोगे कि नदी का वेग बढ़ता जाता है। और फाइनली लछमन झूला में जाकर देखोगे, बिलकुल कूदती पहाड़ी नदी। उसके वेग के मारे बात भी करीब-करीब सुनाई नहीं पड़ती।''

मैंने पूछा, ''तुम्हारा यह सब देखा हुआ है न?''

''वही तो उस बार क्रिकेट खेलने के लिए लखनऊ आया था, उसी बार सब देख गया था।''

धीरू काका हम लोगों का साथ नहीं दे सके, पर वह गाड़ी से हम सबको स्टेशन पहुँचा गए। कमरे में सामान रखते न रखते एक आदमी और आ गए–ये थे डॉक्टर श्रीवास्तव। मैंने समझा, वह भी शायद धीरू काका की नाईं हमें सी-ऑफ करने आए हैं, लेकिन तुरन्त देखा कि कुली के सिर

पर से सूटकेस उतार रहे हैं। हम सबको अवाक् होते देख श्रीवास्तव ने हँसकर कहा, "मैंने धीरू बाबू से कह रखा था कि आप लोगों को यह पहले से न बताएँ। उन्हें पता था, मैं आप लोगों के साथ जाऊँगा। कैसा सरप्राइज दिया, सो कहिए!"

मैंने देखा, पिताजी ने खूब खुश होकर ही कहा, "बड़ा अच्छा हुआ। मैं सोच भी नहीं सका था कि आप चल सकते हैं, नहीं तो मैं खुद ही आपसे कहता।"

एक बेंच के कोने को झाड़कर वहाँ पर बैठते हुए श्रीवास्तव ने कहा, "सच बताऊँ, कई दिनों से बुरी तरह चिन्तित हूँ। मुझे बाहर से देखकर यह नहीं समझ सकेंगे। प्यारेलाल की दी हुई चीज इस तरह से हाथ से निकल गई, सोचने पर बड़ा बुरा लगता है। शहर छोड़कर आप लोगों के साथ दो दिन बाहर घूम आऊँगा तो चैन मिलेगा।"

पाँच मिनट के बाद वनबिहारी बाबू भी आ पहुँचे। उनका असबाव एक आदमी के लिहाज से कुछ ज्यादा ही लगा। उन्होंने मुसकराकर नमस्कार करते हुए कहा, "अब भीड़भाड़ देखिएगा। पवित्रानन्द स्वामी इसी गाड़ी से चल रहे हैं। उनके भक्तवृन्द उन्हें विदा करने आ रहे हैं। जरा भक्ति की बहार देख लीजिए।"

सच ही, कुछ देर में बहुतेरे लोग फूलों की माला-वाला लिए आए। मोटे-से गेरुआ वस्त्र पहने लम्बे बालोंवाले एक संन्यासी आकर हमारे बगलवाले फर्स्ट क्लास के डिब्बे में चढ़े। उनके साथ और भी चार-पाँच गेरुआधारी लोग डिब्बे में सवार हुए और कुछ गेरुआ कपड़ेवाले तथा बहुत-से ऐसी ही पोशाकवाले लोग कमरे के सामने भीड़ लगाकर खड़े हो गए। समझ गया, यही भक्त लोग हैं।

गाड़ी के चलने में पाँच मिनट की देरी थी, इसी से हम लोग सब गाड़ी पर चढ़ गए थे। सिर्फ धीरू काका खिड़की के बाहर से पिताजी से बातें कर रहे थे, इतने में एक गेरुआधारी आदमी हँसता हुआ-सा धीरू काका की ओर बढ़ा।

"धीरेन हो न? पहचान रहे हो?"

धीरू काका कुछ देर भौचक्के-से ताकते रहकर एकाएक, "अरे, अम्बिका?" कहकर आगे बढ़े और उससे प्रायः लिपट गए—"अरे बाप रे बाप, तुम्हारी यह पोशाक कैसी!"

"क्यों? इसको तो प्रायः सात साल होने को आए।"

धीरू काका ने तब उस भले आदमी से परिचय कराके कहा, "अम्बिका मेरा स्कूल का सहपाठी है। प्रायः पन्द्रह साल के बाद भेंट हो रही है।"

गार्ड ने सीटी बजाई। फक्-फक् करके गाड़ी खुलने की आवाज के साथ ही साथ हम सबने सुना, अम्बिका बाबू धीरू काका से कह रहे हैं—"अरे, उस दिन तीसरे पहर तुम्हारे यहाँ जाकर लगभग आधे घंटे तक बैठा रहा। तुम थे नहीं। तुम्हारे बैरे ने तुमसे कहा नहीं?"

धीरू काका ने क्या जवाब दिया, यह सुनाई नहीं पड़ा। क्योंकि गाड़ी तब तक चल चुकी थी।

मैंने अवाक् होकर पहले फेलू-दा, फिर पिताजी की तरफ देखा। फेलू-दा के कपाल पर शिकन पड़े थे।

पिताजी ने कहा, "वेरी स्ट्रेंज!"

वनबिहारी बाबू ने कहा, "आप लोगों ने क्या इसी भले आदमी को अँगूठी-चोर समझा था?"

पिताजी ने कहा, "अब अवश्य वह सवाल ही नहीं उठता। लेकिन अँगूठी तब गई कहाँ? किसने ली?"

गाड़ी धड़ाधड़ करके लखनऊ स्टेशन का प्लेटफार्म पार कर गई। स्टेशन के ऊपर के गुम्बज देखने में बहुत ही सुन्दर हैं परन्तु अभी अब वह सब नजर में आ ही नहीं रहा था। दिमाग में सबकुछ गड़बड़ होता जा रहा था। फेलू-दा निश्चय ही मन में बड़ा अप्रतिभ-सा महसूस कर रहा है। वह तो उस संन्यासी को खोजते-खोजते लखनऊ स्टेशन तक पहुँच गया था।

तो फिर स्टेशन पर वह अटैचीवाला संन्यासी कौन था? आज जिसको देखा, यह तो नकली गेरुआधारी संन्यासी नहीं है—यह तो वास्तव में संन्यासी ही है। तो क्या वह और कोई दूसरा है? और वह भी क्या धीरू काका के घर के आसपास चक्कर काट रहा था? और, उसका कारण वह अँगूठी ही

था या और कुछ? फेलू-दा पर 'खूब होशियार' वाला कागज किसने फेंका था? क्यों फेंका था?

फेलू-दा के दिमाग में अभी यही सब सवाल चक्कर काट रहे हैं या वह कुछ और सोच रहा है?

मैंने उसकी तरफ देखा। वह वही ग्रीक अक्षरों में गिजबिज लिखी कापी को निकालकर खूब मन से पढ़ रहा है और रह-रहकर कलम से जाने और क्या सब लिख रहा है।

वनबिहारी बाबू हठात् एक सवाल कर बैठे–"अच्छा, डॉक्टर श्रीवास्तव–प्यारेलाल के मरने से पहले आपने ही शायद उन्हें अन्तिम बार देखा था, है न?"

श्रीवास्तव एक थैली से सन्तरे निकालकर सबको एक-एक देते हुए कहने लगे–"मैं था। उनकी विधवा बहन थी, उनका बैरा था, एक दूसरा नौकर भी था।"

वनबिहारी बाबू ने जरा गम्भीर होकर कहा, "हूँ! उनको दौरा पड़ने के बाद आपको खबर भेजकर बुलवाया गया था?"

"जी हाँ।"

"आप क्या दिल का इलाज भी करते हैं?"

"हड्डी का इलाज करने से दिल का इलाज नहीं किया जाता, ऐसी बात तो नहीं है वनबिहारी बाबू! और फिर, उनके डॉक्टर ग्राहम शहर में नहीं थे, इसीलिए मुझको बुलाया था।"

"किसने बुलाया था?"

"उनके बैरे ने।"

"बैरे ने?" वनबिहारी बाबू ने भँवों को कपाल पर चढ़ाकर पूछा।

"हाँ, प्रीतमसिंह ने। बहुत पुराना आदमी है। बड़ा बुद्धिमान, विश्वासी, काम का।"

वनबिहारी बाबू ने मुँह से पाइप उतारकर सन्तरे की एक फाँक मुँह में डालकर कहा, "आपने कहा है, प्यारेलाल ने अँगूठी पहली बार के ऐटेक के बाद दी थी और दूसरी बार दौरा पड़ने के बाद आपको बुलाया गया और

उसी दौरे में उनकी मौत हो गई।''

''जी हाँ।''

''अँगूठी देते वक्त कमरे में कोई था क्या?''

''सो कैसे रहता, वनबिहारी बाबू! यह सब काम क्या कोई बाहरी आदमी के सामने करता है? खास करके प्यारेलाल कैसे आदमी थे, यह तो आप जानते हैं। ढोल पीटकर अच्छा काम करनेवाले आदमी वह कतई नहीं थे। उनका गुप्त दान कितना है, पता है आपको? लाख-लाख रुपया उन्होंने अस्पताल में और अनाथाश्रम को दिया है। मगर कभी किसी अखबार में यह खबर नहीं छपी।''

''हूँ!''

वनबिहारी बाबू की तरफ कुछ देर तक ताकते रहकर श्रीवास्तव ने कहा, ''आप क्या मेरी बात का एतबार नहीं कर रहे हैं?''

वनबिहारी बाबू बोले, ''असल में बात क्या है, मालूम है? अँगूठी देने की इस घटना का कम-से-कम एक गवाह भी रखते तो आप बुद्धिमान का काम करते। ऐसी कीमती चीज एक हाथ से दूसरे के हाथ निकल गई और किसी ने जाना भी नहीं!''

श्रीवास्तव जरा देर गम्भीर रहे, फिर एकाएक हो-हो करके हँसते हुए बोले, ''वाह वनबिहारी बाबू, वाह! मैंने प्यारेलाल की अँगूठी चुराई, मैंने ही उसे धीरेन बाबू के यहाँ रखा और फिर मैंने ही उसे धीरेन बाबू के यहाँ से चुराया? वंडरफुल।''

चेहरे के भाव को जरा भी बदले बिना वनबिहारी बाबू ने कहा, ''आपने होशियारी का काम ही किया है। मैं भी होता तो यही करता। क्योंकि आपके यहाँ डकैत के आने से आप डर गए थे, इसीलिए अँगूठी धीरेन बाबू को रखने के लिए दी थी। फिर धीरू बाबू की अलमारी से उसे चम्पत करके अपने पास रखकर सोच रहे हैं, अब डकैतों से रिहाई मिली। क्या ख्याल है फेलू मास्टर? मेरी जासूसी क्या बिलकुल टाल जाने लायक है?''

फेलू-दा ने अपनी कॉपी बन्द करके सन्तरे का छिलका छुड़ाते-छुड़ाते कहा, ''डॉक्टर श्रीवास्तव ने जो महावीर को असाध्य रोग से बचा लिया था,

उसके गवाह की क्या कमी है?''

वनबिहारी बाबू ने कहा, ''नहीं, सो शायद नहीं है।''

फेलू-दा ने कहा, ''मेरा तो विश्वास है, अँगूठी का दाम चाहे जितना लाख भी हो, एक लड़के के जीवन से उसका दाम ज्यादा नहीं है। श्रीवास्तव ने अगर अँगूठी चुराई हो, तो उनका दोष जरूर है, लेकिन अभी जो लोग उनकी अँगूठी के पीछे पड़े हैं, उनका दोष और अधिक है। क्योंकि वे लोग घाघ चोर हैं और खूब खतरनाक किस्म के।''

''समझ गया।'' वनबिहारी बाबू के गले की आवाज गम्भीर हो गई, ''यानी तुम यह यकीन नहीं करते कि अँगूठी अभी श्रीवास्तव के ही पास है?''

''नहीं, नहीं करता। मेरे पास इसका सबूत है।''

डिब्बे के सभी चुप। मैंने अवाक् होकर फेलू-दा की ओर देखा। वनबिहारी बाबू कुछ देर तक फेलू-दा की ओर ताककर बोले, ''कौन-सा सबूत है, यह पूछ सकता हूँ क्या?''

''पूछ जरूर सकते हैं। लेकिन जवाब अभी नहीं मिलेगा। उसका समय अभी नहीं आया।''

फेलू-दा को इस जोर से बात बोलते मैंने कभी नहीं सुना।

वनबिहारी बाबू ने दिल्लगी करते हुए कहा, ''मेरे जीते-जी यह जवाब मिलेगा तो?''

फेलू-दा ने कहा, ''उम्मीद तो करता हूँ। एक स्पाई का रहस्य है। उस रहस्य का पता चलते ही उत्तर मिलेगा।''

''स्पाई?'' वनबिहारी बाबू अचम्भे में आकर फेलू-दा को देखने लगे– ''स्पाई क्या?''

श्रीवास्तव ने कहा, ''फेलू बाबू शायद प्यारेलाल के अन्तिम शब्द के बारे में कह रहे हैं। मरने से पहले उन्होंने दो बार 'स्पाई' शब्द कहा था।''

वनबिहारी बाबू के चेहरे के शिकन और बढ़ गए। बोले, ''गजब है! लखनऊ शहर में स्पाई?''

उसके बाद कुछ देर तक पाइप को हाथ में लेकर चुप रहकर कमरे के

फर्श की ओर देखते हुए बोले, "हो सकता है, हो सकता है, मुझे एक बार सन्देह हुआ था।"

"कैसा सन्देह?" श्रीवास्तव ने पूछा।

"न, कुछ नहीं। आइ मे बी रौंग।"

समझ गया, वनबिहारी बाबू अब इस विषय में कुछ बोलना नहीं चाहते हैं और यों भी हरदोई स्टेशन आ पहुँचा, बात बन्द हो गई।

"चाय मिले तो बुरा नहीं।" कहकर फेलू-दा प्लेटफार्म पर उतर पड़ा। मैं भी उतर पड़ा, क्योंकि गाड़ी रुकने पर डिब्बे में बैठने की इच्छा नहीं होती।

हम लोगों के उतरते ही एक और गेरुआधारी दाढ़ीवाला आदमी जाने कहाँ से हम लोगों के डिब्बे में चढ़ गया। वनबिहारी बाबू हड़बड़ाकर बोल उठे–"डिब्बा रिजर्व है–यहाँ जगह नहीं है, जगह नहीं है।"

इस पर उस गेरुआधारी ने अंग्रेजी में कहा, "दया करके मुझे बरेली तक जाने दीजिए। उसके बाद मैं दूसरे डिब्बे में चला जाऊँगा। रात में आप लोगों को तकलीफ नहीं दूँगा।"

लाचार वनबिहारी बाबू ने उन्हें चढ़ने दिया।

फेलू-दा ने कहा, "इन संन्यासियों के मारे नाक में दम हो गया। ऐ चाय वाले!"

चायवाला दौड़कर आ गया।

"तू पीएगा?"

"क्यों नहीं पीऊँगा?"

औरों से पूछा तो वे लोग बोले, "नहीं पिएँगे।"

चाय के गरम सकोरे को किसी तरह से इस हाथ उस हाथ में करते-करते फेलू-दा से कहा, "यदि श्रीवास्तव चोर हों तो बड़ा बुरा होगा।"

उस बेहद गरम चाय में मुँह लगाकर फेलू-दा ने कहा, "क्यों?"

"क्योंकि वह मुझे अच्छे लगते हैं। लगता है कि बहुत भले आदमी हैं।"

"बुद्धू कहीं का–तूने जासूसी किताब जो नहीं पढ़ी हैं। पढ़ी होतीं, तो तुझे मालूम होता कि जो आदमी सबसे सीधा-सादा-सा लगता है, अन्त में

वही अपराधी साबित होता है।"

"यह घटना तो कुछ डिटेक्टिव किताब की घटना नहीं है।"

"उससे क्या!" लेखकों को वास्तविक जीवन की घटनाओं से ही तो मसाला मिलता है।"

मुझे बड़ा गुस्सा आया। कहा, "फिर श्रीवास्तव जब पहली बार हमारे यहाँ बैठकर बातें कर रहे थे, तो बाहर से उन्हें कौन वाच कर रहा था, और चारमीनार पी रहा था?"

"वह शायद डकैतों की जमात का आदमी हो।"

"यानी तुम यह कह रहे हो कि श्रीवास्तव भी बुरे आदमी हैं और डाकू लोग भी बुरे आदमी हैं? फिर तो सभी बुरे आदमी हैं, क्योंकि गणेश गुहा कह रहा था, वनबिहारी बाबू भी अच्छे आदमी नहीं हैं।"

फेलू-दा ने जवाब के बदले चाय का एक बड़ा-सा घूँट लिया कि जाने कहाँ से मुड़ा हुआ एक कागज टप्प से आकर उसके कपाल में लगा और उलटकर चाय के सकोरे में गिर पड़ा।

फेलू-दा ने झट से कागज को उसमें से उठा लिया और प्लेटफार्म की भीड़ की तरफ जैसे ही ताका कि गार्ड की सीटी सुनाई पड़ी। अब किसी के पीछे दौड़ने का कोई उपाय नहीं था।

डिब्बे में चढ़ने से पहले कागज को खोलकर एक बार खुद देखकर, फिर मुझे दिखाकर फेलू-दा ने उसे वैसे ही मरोड़कर प्लेटफार्म की बगल से बिलकुल गाड़ी के पहिए के पास फेंक दिया।

कागज में लिखा था–'खूब होशियार'–और देखने से लगा, इस बार भी पान के रस से ही लिखा हुआ था।

बादशाही अँगूठी के रहस्यजनक और रोमांचकारी मामले को हम लोग निहायत लखनऊ में ही नहीं छोड़ आए थे। वह हम लोगों के साथ-ही-साथ चल रहा था।

8

साँझ हो गई। डिब्बे की बत्तियाँ अभी-अभी जल उठीं। गाड़ी बरेली की ओर भागती जा रही थी।

डिब्बे में कुल मिलाकर हम लोग सात जने थे। मैं और फेलू-दा एक बेंच पर बैठे थे। एक पर थे पिताजी और श्रीवास्तव। और तीसरी पर वनबिहारी बाबू तथा वही संन्यासी। पिताजी वाली बेंच के ऊपर के बर्थ पर वनबिहारी बाबू का लकड़ी का एक पैकिंग केस और एक बड़ा-सा ट्रंक था। हम लोगोंवाली बेंच के ऊपर वाले बर्थ पर एक आदमी एड़ी से चोटी तक चादर ओढ़े सोया हुआ था। लखनऊ से जब सवार हुआ, तभी से उसे इसी तरह चादर ओढ़े और सोया हुआ देखता आ रहा हूँ। उसके पैरों के छोर ही सिर्फ दिखाई दे रहे थे–उतना ही हिस्सा चादर से बाहर निकला हुआ था।

वनबिहारी बाबू पाँवों को बेंच पर उठाकर बाबू बने बैठे पाइप पी रहे थे, श्रीवास्तव 'गीतांजलि पढ़ रहे थे, और पिताजी को देखकर लग रहा था, नींद आ रही है। बीच-बीच में आँखें रगड़कर तनकर बैठ जाते थे। संन्यासी को गोया हमारी किसी भी बात से कोई अभिरुचि नहीं। वह बड़े ध्यान से एक हिन्दी अखबार का पन्ना उलट रहा था। फेलू-दा ने खिड़की के बाहर की ओर आँखें किए एक गीत गाड़ी की ताल पर गाना शुरू कर दिया। गीत भी हिन्दी। उसकी पहली दो पंक्तियाँ थीं–

जब छोड़ चले लखनऊ नगरी
तब हाल आदम् पर क्या गुजरी।

गीत का बाकी हिस्सा फेलू-दा हूँ-हूँ करके गा रहा था। मैं समझ गया,

इन दो पंक्तियों से ज्यादा उसे आता नहीं है।

वनबिहारी बाबू अचानक बोल उठे–"यह वाजिद अली शाह का गीत तुमने कैसे जाना?"

फेलू-दा ने कहा, "मेरे एक बड़े चाचाजी गाया करते थे। ठुमरी के बहुत अच्छे गायक थे।"

पाइप में कश लगाकर खिड़की से बाहर साँझ के लाल आकाश की ओर देखकर वनबिहारी बाबू बोले, "गजब के नवाब थे वाजिद अली। चिड़िया की तरह गाते थे। गीत लिखते भी थे। हिन्दुस्तान का पहला ऑपेरा उन्होंने लिखा था–बिलकुल विलायती ढंग से। मगर लड़ना एक कतरा भी नहीं जानते थे। उमर के आखिरी दिन कलकत्ता के मटिया बुर्ज में बीते–अब जहाँ कलकत्ते के सब मुसलमान दरजी रहते हैं। और सबसे मजेदार बात क्या है, जानते हो? उस समय के मशहूर धनी राजेन मल्लिक से मिलकर कलकत्ते में पहले चिड़ियाघर की योजना वाजिद अली शाह ने बनाई थी।"

अपनी बात पूरी करके वनबिहारी बाबू उठ खड़े हुए। ऊपरी बर्थ पर रखे ट्रंक को खोलकर उसके अन्दर से ग्रामोफोन जैसा एक बक्सा निकालकर बेंच पर रखते हुए बोले, "अब मैं कुछ अपने प्रिय गीत सुनाऊँ। यह मेरा टेपरेकार्डर है। बैटरी से चलता है।"

यह कहकर उन्होंने उस बक्से का ढक्कन खोला। हारमोनियम के परदे-जैसी एक सफेद-सी चीज के दबाते ही समझ में आ गया, एक कौन-सी चीज तो चलने लगी।

वनबिहारी बाबू ने कहा, "इस गीत का अगर सच्चा आनन्द लेना हो तो खिड़की से बाहर की ओर ताकते हुए इसे सुनो।"

मैंने बाहर की तरफ ताककर धुँधली रोशनी में देखा, विशाल-विशाल पेड़ों वाला घना अँधेरा जंगल गाड़ी की उलटी तरफ दौड़ रहा है। उसी जंगल से मानो बन-विलाव का कर्कश चीत्कार सुनाई पड़ा।

वनबिहारी बाबू ने कहा, "वॉल्युम जानकर ही नहीं बढ़ाया है–ताकि ऐसा लगे कि यह चीत्कार दूर से ही आ रहा है।"

उसके बाद हायना की हँसी सुनी। वह एक अजीब ही चीज! गाड़ी से

जंगल के किनारे से भागता जा रहा हूँ और तमाम जंगल से हायना की हँसी की आवाज आ रही है।

वनबिहारी बाबू बोले, "इसके बाद की आवाज को और जरा कम करना चाहिए, क्योंकि वह खूब आहिस्ते से ही सुनी जाती है। लेकिन चूँकि गाड़ी की आवाज हो रही है, इसलिए मैं जरा बढ़ाकर ही सुना रहा हूँ।"

"किर्रर्-किट्-किट्, किर्रर् किट्-किट्-किट्..."

मेरे कलेजे के अन्दर मानो धड़कन होने लगी। संन्यासी की ओर ताका। देखा, वह भी अवाक् होकर सुन रहे हैं।

वनबिहारी बाबू बोले, "रैटल् स्नेक। आवाज सुनने से यद्यपि डर लगता है, लेकिन वह अपनी मौजूदगी बता देने को ही यह आवाज करता है जिससे दूसरे जीव अनजानते में उसे दबा न डालें।"

पिताजी ने कहा, "तो ये साँप यों आदमी पर हमला नहीं करते?"

"जंगल-वंगल में यों नहीं करते। अपने देशी जहरीले साँपों में से ही कौन साँप हमला करता है, कहिए! लेकिन जब घिर जाता है तो जरूर करता है। मसलन किसी छोटे कमरे में आपके साथ साँप को यदि बन्द कर दिया जाए, तो नहीं करेगा? जरूर हमला करेगा। और इनमें एक ताज्जुब की क्षमता क्या है, जानते हैं न, इनफ्रारेड रश्मि इनकी आँखों की पकड़ में आती है। यानी ये अँधेरे में साफ देख पाते हैं।"

उसके बाद टेपरेकार्डर को बन्द करके वनबिहारी बाबू ने कहा, "दुःख की बात है कि मेरे पास और जो जीव हैं–बिच्छू और मकड़ा–वे दोनों ही मूक हैं। इस बार अगर वह अजगर मिल गया तो उसकी फुफकार को जरूर ही रेकर्ड करके रखूँगा।"

पिताजी ने कहा, "लेकिन इन आवाजों को सुनकर डर-सा लग रहा था।"

वनबिहारी बाबू बोले, "सो तो है। मगर मेरे लिए ये शब्द संगीत से भी मधुर हैं! जब मैं कहीं बाहर जाता हूँ, तो इन जानवरों को तो अपने साथ ले नहीं जा सकता, इसीलिए इनकी आवाज को ही साथ ले जाता हूँ।"

बरेली में बैरा हमें डिनर दे गया और वह संन्यासी जी उतर गए।

फेलू-दा ने अपनी पूरी प्लेट खाने के बाद भी मेरी प्लेट से मुरगी की टाँग उठाकर कहा, "जब दिमागी काम ज्यादा चलता है, तो यह मुरगी बड़ी मदद देती है।"

"और लगता है कि मैं दिमागी काम करता ही नहीं हूँ!"

"तेरा जो है, वह काम नहीं, खेल है।"

"तुम्हारे जैसा काम करने से नतीजा क्या होता है, सुनूँ तो!"

फेलू-दा ने गले को धीमा करके कुछ ऐसे कहा कि सिर्फ मैं ही सुन सकूँ–"प्यारेलाल ने किसी स्पाई के बारे में कहा था न, उसका थोड़ा-सा अन्दाज मिला है।"

इतना ही कहकर फेलू-दा चुप बैठ गया।

गाड़ी बरेली से चल पड़ी। पिताजी ने कहा, "सुबह चार ही बजे जगना होगा। तुम लोग सब सो जाओ।"

बेंच का आधा दखल करके बाकी हिस्सा मैंने फेलू-दा के लिए छोड़ दिया। वनबिहारी बाबू ने कहा, "मैं नहीं सोऊँगा मगर आप लोग मजे में सोइए। मैं हरिद्वार आने के ठीक पहले ही आप लोगों को जगा दूँगा।"

पिताजी और श्रीवास्तव अपनी बेंच का बँटवारा करके सो गए। मैंने देखा, वनबिहारी बाबू ने बत्तियाँ बुझा दीं। डिब्बे के भीतर अँधेरा हो जाने से ही समझ में आ गया, बाहर चाँदनी है। इतना ही नहीं, मैं जहाँ सोया था, वहाँ से चाँद दिखाई भी दे रहा था। शायद पूर्णिमा के पहले दिन का चाँद–और वह हमारी गाड़ी के साथ-साथ ही दौड़ता जा रहा था।

चाँद देखते-देखते पता नहीं क्यों तो मेरे मन ने कहा, हरिद्वार में सिर्फ तीरथ करना ही नहीं होगा, वहाँ और भी कुछ घटेगा। या यह भी हो सकता है कि मेरा मन कह रहा था, हरिद्वार में भी कोई घटना घटे। सिर्फ गंगा, गंगा के घाट और मन्दिर देखने से ही मानो वहाँ का जाना सार्थक नहीं होगा। अच्छा, गाड़ी के इतने झकोले और इतनी आवाज में भी नींद कैसे आ जाती है? कलकत्ते में मेरे घर के पास अगर ऐसा शोर होता और मेरी खाट को पकड़कर कोई अगर लगातार झकझोरता रहता, तो क्या नींद आती? फेलू-दा से यह पूछने पर वह बोला, "इस तरह की आवाज अगर

लगातार होती रहे, तो आदमी के कान उसके आदी हो जाते हैं। वैसे में वह आवाज बाधक नहीं होती। और झकोले तो नींद में मदद ही करते हैं। मुन्ने को झुलाकर सुलाया जाता है, नहीं देखा है? बल्कि आवाज और झकोले अगर यकबयक बन्द हो जाएँ, तभी नींद टूटने का चांस रहता है। तू गौर करके देखना, बहुत बार स्टेशन पर गाड़ी के रुकते ही नींद खुल जाती है।''

नींद से जब आँखें झुक आईं, तो एक बार ऐसा लगा कि ऊपरवाले बर्थ पर जो आदमी चादर ओढ़े सो रहा था, वह जैसे ऊपर से उतरा और एक बार कमरे के अन्दर घूम गया। फिर जैसे किसी की हँसी सुनाई पड़ी। वह आदमी भी हो सकता है और हायना भी हो सकता है। उसके बाद देखा कि भूलभुलैया के भीतर रास्ता भूलकर मैं पागल की तरह इधर-से-उधर दौड़ रहा हूँ और जितनी ही बार एक-एक मोड़ पर घूमता हूँ, उतनी ही बार देखता हूँ कि एक मकड़ा मेरी राह रोके खड़ा है और अपनी बड़ी-बड़ी हरी आँखों से मुझे घूर रहा है। एक बार एक मकड़े ने हठात् मेरी तरफ आकर रोएँ से ढंका अपना विशाल लम्बा पाँव मेरे कन्धे पर रख दिया कि मेरी नींद और सपना एक साथ ही टूट गया और देखा कि फेलू-दा मेरे कन्धे पर हाथ रखकर ठेलते हुए कह रहा है–''ऐ, तोपसे, उठ। हरिद्वार आ गया।''

9

“पंडा चाहिए बाबू, पंडा।”

“बाबू का नाम क्या है? निवास कहाँ है?”

“इधर बाबू, इधर। किस धर्मशाला में ठहरे हैं?”

“दक्षेश्वर बाबा का दर्शन तो करेंगे न बाबू?”

प्लेटफॉर्म पर उतरते-न-उतरते पंडे इस तरह से घेर लेंगे, यह सोच ही नहीं पाया था। फेलू-दा ने जरूर पहले ही बताया था कि ऐसा होता है। और इन पंडों के पास मोटी-मोटी, बड़ी-बड़ी बहियाँ रहती हैं, उनमें हमारे दो-तीन सौ साल पहले के उन पुरखों के नाम-धाम लिखे होते हैं जो कभी हरिद्वार आए होते हैं। पिताजी से मैंने सुना है, मेरे दादाजी के दादाजी शायद संन्यासी होकर घर से चल दिए थे और वह शायद बहुत दिनों तक हरिद्वार में रहे थे। शायद हो कि इन बहियों में उनका नाम-पता और हस्ताक्षर हों।

वनबिहारी बाबू ने कहा, “पंडे-वंडे की कोई जरूरत नहीं। इसमें आफत ही ज्यादा होती है। चलिए, अपनी जानी-सुनी धर्मशाला शीतलदास की, वहीं आप लोगों को ले चलता हूँ। एक ही साथ रहा जाएगा—खाना भी अच्छा ही मिलेगा। एक दिन की ही तो बात है। उसके बाद तो मोटर से ऋषिकेश, लछमन झूला!”

कुली के सिर पर सामान रखकर लगभग रात जैसे अँधेरे में हम पाँच जने तीन ताँगों पर सवार हो गए—एक में फेलू-दा और मैं, एक में वनबिहारी बाबू और एक में पिताजी तथा श्रीवास्तव।

जाते-जाते फेलू-दा ने कहा, “तीर्थस्थान का मतलब ही है गन्दा शहर।

लेकिन गंगा के किनारे जाकर बैठ गया, तो देखना, अच्छा ही लगेगा।''

खट्-खट्, धड़-धड़ करते हुए ताँगा अली-गली से गुजर रहा था। दुकान अभी एक भी नहीं खुली थी। रास्ते के दोनों ओर कम्बल ओढ़े लोग खाट पर सो रहे थे। यहाँ-वहाँ एकाध किरासिन की बत्ती टिमटिम जल रही थी। देखा, हाथ में लोटा लिये कुछ बूढ़े आदमी रास्ते पर चल रहे थे। फेलू-दा ने कहा, ''ये गंगा नहानेवाले हैं। जब सूरज उगेगा, तो ये लोग कमर भर पानी में खड़े होकर सूरज की पूजा करेंगे। बाकी शहर को अभी सोया हुआ ही कहा जा सकता है।''

हमारे सामनेवाले ताँगे पर वनबिहारी बाबू थे। एक सफेद पाएवाले मकान के सामने उनका ताँगा रुका। हमारा और पिताजी का ताँगा भी उसी के पीछे रुका। समझ गया, यही शीतलदास की धर्मशाला है।

मकान के सामने फाटक के अन्दर काफी खुली जगह दिखाई पड़ी। उसके तीन तरफ बरामदे और कमरों की कतार।

धर्मशाला का नौकर आकर असबाब उतार ले गया। हम सब उसके पीछे-पीछे गेट से अन्दर जा रहे थे कि इमने में एक और ताँगा गेट के सामने आकर रुका। देखा, जो संन्यासी हमारे साथ बरेली तक आए थे, वही उस ताँगे से उतरे। उसे देखकर मैंने फेलू-दा के कोट की आस्तीन को जरा खींचकर कहा, ''यह वही गाड़ी वाला संन्यासी है, फेलू-दा!''

फेलू-दा ने आड़ी निगाहों से एक बार उस आदमी की ओर देखकर कहा, ''तूने इस बाबाजी में भी रहस्यजनक कुछ पाया क्या?''

''लेकिन बार-बार–''

''चुप। चल, अन्दर चल।''

अगल-बगल के दो कमरों में हम लोगों के रहने का इन्तजाम हुआ। एक में चार खाटें पड़ी थीं, उनमें से एक पर एक आदमी सो रहा था। बाकी तीन पिताजी, मेरे और फेलू-दा के लिए हुईं। बगलवाले कमरे में श्रीवास्तव और वनबिहारी बाबू की व्यवस्था हुई। देखा, उस बाबा जी ने भी वनबिहारी बाबू के ही कमरे में डेरा डाल लिया।

मुँह-हाथ धोकर चाय पीते-पीते सूरज उग आया और धर्मशाला के भी

लोग-बाग जगे। एक हलचल-सी होने लगी। अब समझ में आया कि वहाँ कितने प्रकार के लोग आकर ठहरे हुए हैं। बच्चे-बूढ़े, औरत-मर्द, बंगाली-बिहारी, मारवाड़ी-गुजराती, मराठी—कुल मिलाकर एक अजीब शोरगुल।

पिताजी ने पूछा, ''तुम लोग घूमने निकलोगे क्या?''

फेलू-दा ने कहा, ''सोच तो रहा था। एक बार घाट की तरफ से घूम आता तो–''

''तो इतनी देर में मैं वनबिहारी बाबू के साथ जाकर कल के लिए दो टैक्सियों का इन्तजाम करूँ। हाँ, एक काम तो करो फेलू, बाजार की ओर जाकर देखो तो, अगर एक एवरेडी टॉर्च मिल जाए। यह कोई लखनऊ शहर तो नहीं है। यहाँ यह चीज हाथ में रखना अच्छा है।''

हम दोनों निकल पड़े। फेलू-दा ने कहा, ''इतने छोटे शहर में ताँगा न लेकर पैदल चलना ही ठीक है।''

चलते-चलते महसूस किया, हरिद्वार में सच ही सर्दी खासी है और गंगा के करीब होने से ही शायद सारा शहर कुहरे के धुँधलके में ढँका था। फेलू-दा से पूछने पर वह बोला, ''कुहरा जितना नहीं है, उससे अधिक चूल्हों का धुआँ है।''

धर्मशालावाले रास्ते से कुछ दूर जाने के बाद एक आदमी से पूछते ही उसने घाट का रास्ता बता दिया। कहा, ''यहाँ से आधे मील के फासले पर ही घाट है।''

घाट पर पहुँचने से कुछ पहले से ही एक गोलमाल-सा सुनाई पड़ रहा था, आखिर में यह समझा कि इतने लोग एक साथ नहा रहे हैं, यह शोरगुल उसी का है। तिस पर घाट के रास्ते के दोनों ओर भिखमंगों और फेरीवालों की कतार। वे लोग भी कुछ कम चीख-पुकार नहीं कर रहे थे।

भीड़ ठेलते हुए हम लोग घाट की सीढ़ी की तरफ बढ़ गए। ऐसा दृश्य मैंने कभी नहीं देखा। पानी में मानो एक मेला लगा हो। घाट पर ही मन्दिर। उससे आरती के घंटे का शब्द आ रहा था। एक जगह पर गले में कंठी, कपाल पर तिलकवाला एक वैष्णव गीत गा रहा था। उसे घेरे कुछ बूढ़े-बुढ़ियाँ बैठी थीं। लोगों के आसपास बकरी-कुत्ते, गाय-गोरू भी कुछ कम

नहीं थे।

घाट की सीढ़ी की एक खाली जगह पर बैठकर फेलू-दा बोला, "यदि पुराने भारतवर्ष को देखना चाहता है, तो घाट की इस सीढ़ी पर कुछ देर तक बैठा रह।"

लखनऊ से यहाँ का वातावरण कुछ ऐसा अलग-सा है कि मेरे मन से अँगूठी वाली घटना लगभग उतर ही गई थी। फेलू-दा के साथ भी क्या ऐसी ही बात है? या वह मन-ही-मन इस रहस्य के उद्घाटन का काम करता ही चला जा रहा है? उससे यह बात पूछने की हिम्मत नहीं पड़ी। पलटकर उसकी तरफ देखा। देखा कि वह बड़े मौज से अपनी जेब से दियासलाई और सिगरेट निकाल रहा है। पिता जी वगैरह के सामने तो पीता नहीं है न, इसीलिए इस मौके से पी लेगा।

सिगरेट को मुँह में लगाकर जैसे ही उसने दियासलाई की डिबिया खोली कि देखा, उसके अन्दर एक कोई चीज जगमगा उठी।

मैं चौंक उठा–"वह कौन-सी चीज है फेलू-दा?"

फेलू-दा ने तब तक दियासलाई की तीली निकालकर डिबिया को बन्द कर दिया था। अचम्भे का भाव करके बोला, "कौन-सी?"

"वही, जो दियासलाई की डिबिया में झकमक कर उठी?"

फेलू-दा ने गंगा किनारे की तेज हवा में भी दो हाथों की आड़ करके कायदे से सिगरेट सुलगा ली और धुआँ छोड़ते हुए बोला, "दियासलाई में फासफोरस होता है, जानता है न? धूप में वही झकमका उठा और क्या!"

मुझसे और कुछ पूछते न बना। लेकिन धूप लगने से दियासलाई इस कदर चमक सकती है, इस बात पर मैं हरगिज यकीन नहीं कर सका।

हर की पैड़ी से गंगा का दृश्य और दक्षेश्वर का मन्दिर देखकर, बाजार में मनिहारी की दुकान से तीन सेलवाली टॉर्च जब हमने खरीदी, तो लगभग साढ़े दस बज रहे थे। चाहे जितना ही घूम रहा था, चाहे जितना ही देख रहा था, फेलू-दा की दियासलाई की वह झकमकाहट मैं किसी भी तरह से भूल नहीं पा रहा था। बार-बार मुझे सिर्फ एक ही बात लग रही थी कि वह उसी औरंगजेब की अँगूठी की झलमलाहट है। फेलू-दा ने कहीं यह कहा

होता कि वह चवन्नी या अठन्नी है, तो भी शायद मैं यकीन कर सकता था, मगर फासफोरसवाली बात तो सफेद झूठ है, यह मैं खूब समझ रहा था।

और, अँगूठी अगर सचमुच ही फेलू-दा के पास हो और उसके पीछे अगर सचमुच ही डकैत पड़े हों और वे डकैत यदि यह जान गए हों कि अँगूठी फेलू-दा के ही पास है, तो? इस बात का पता है, इसलिए क्या फेलू-दा को धमकी के कागज मिल रहे हैं, उसकी ओर गुलेल से पत्थर फेंके जा रहे हैं और लाठी की फुनगी पर क्लोरोफार्म का भीगा कपड़ा लपेटकर हम लोगों के कमरे में डाला जा रहा है?

लेकिन फेलू-दा तमाम रास्ता गुनगुनाता रहा। एक बार गुनगुनाना बन्द करके उसने मुझसे कहा, " 'खट्' नाम का एक राग है, मालूम है? यह वही राग है। यह सबेरे-सबेरे ही गाया जाता है।"

मैं कहना चाह रहा था–'मैं खट् नहीं जानता, रागरागिनी नहीं जानता, लेकिन मुझे इस बात का बड़ा गुस्सा आ रहा है कि तुमने मुझे चकमा क्यों दिया!' लेकिन यह बात कही नहीं जा सकी, क्योंकि तब तक हम लोग धर्मशाला पहुँच चुके थे। मन-ही-मन तै कर लिया कि फेलू-दा से आज ही इस विषय पर बात कर ही लेनी होगी।

देखा, धर्मशाला के बरामदे पर पिताजी, वनबिहारी बाबू, श्रीवास्तव और धोती-कुरता पहने एक बंगाली सज्जन बैठे बातें कर रहे हैं।

हमें देखते ही पिताजी ने कहा, "टैक्सी का इन्तजाम हो गया। कल सुबह छह बजे रवाना होना है। वनबिहारी बाबू की जान-पहचान का था, इसलिए सस्ते में ही मिल गई।"

बंगाली बाबू के बारे में सुना, इलाहाबाद में रहते हैं। नाम है विलास बाबू। वह नामी हाथ देखनेवाले हैं। उस समय वह वनबिहारी बाबू का हाथ देख रहे थे। वनबिहारी बाबू ने पूछा, "किसी जानवर के काटे-वाटे मरूँगा कि नहीं, सो बताइए तो?"

हाथ में एक लौंग लेकर वनबिहारी बाबू की हथेली पर फेरते हुए वह बोले, "कहाँ, वैसा कुछ तो नहीं देख रहा हूँ। लगता है कि स्वाभाविक मृत्यु ही होगी।"

विलास बाबू अच्छे हाथ देखनेवाले हो सकते हैं, मगर उनका पाँव देखकर मुझे बड़ा अजीब लगा। उनका अँगूठा बगल की उँगली से कोई आधा इंच लम्बा था। और यह देखकर मुझे लगा, मैंने यह पाँव बहुत रिसेंटली देखा है। लेकिन कहाँ, किसका पाँव, यह ख्याल नहीं आया।

गहरी साँस छोड़ने-जैसी आवाज करके वनबिहारी बाबू ने कहा, ''खैर, राहत मिली।''

''क्यों जनाब, आप किसका शिकार करते हैं? बाघ-भालू मारते हैं?''

विलास बाबू के बंगला बोलने में अबंगाली की एक झलक मिली।

वनबिहारी बाबू ने कहा, ''जी नहीं। मगर यह सब जान-सुन रखना अच्छा है। मेरा एक चचेरा भाई—कहीं कुछ नहीं—अचानक एक पगले कुत्ते के काटने पर हाइड्रोफोबिया से मर गया था। इसीलिए, और क्या...''

''आप क्या पहले कलकत्ते में थे?'' विलास बाबू ने पूछा।

वनबिहारी बाबू ने जरा अवाक् होकर ही कहा, ''यह भी क्या हाथ की रेखाओं में लिखा होता है?''

''देख तो वैसा ही रहा हूँ।...और, आपको क्या पुराने जमाने की कलात्मक चीजें या दूसरी कीमती चीजें जमा करने का शौक है?''

''मुझे? जी नहीं...मुझे क्यों होने लगा। यह शौक प्यारेलाल को था। मुझे जीव-जन्तुओं का शौक है।''

''अच्छा! इसीलिए जानवर के काटने की पूछ रहे थे? लेकिन...''

''लेकिन क्या?''

वनबिहारी बाबू खासे उत्तेजित-से लगे। विलास बाबू ने पूछा, ''फिलहाल आपको क्या कुछ उद्वेग का कोई कारण हुआ है?''

''फिलहाल माने?''

''यही, महीने भर के अन्दर?''

वनबिहारी बाबू जोर से हँस पड़े। बोले, ''अजी साहब, मुझे, जिसे कहते हैं—वॉट ए केयर इन द वर्ल्ड, कोई उद्वेग नहीं। लेकिन हाँ, एक चिन्ता है। वह यह कि कल लछमन झूला जाकर एक बारह फुट के अजगर को देख पाऊँगा या नहीं।''

विलास बाबू को शायद और भी देखने की इच्छा थी। लेकिन वनबिहारी बाबू ने हठात् हाथ खींच लिया और जम्हाई लेकर बोले, "असल बात क्या है, कुछ ख्याल मत कीजिएगा, इस पामिस्ट्री-फामिस्ट्री पर मुझे विश्वास नहीं है। हमारा भूत, भविष्य, वर्तमान सब हमारे हाथ में ही है, पर वह हाथ की रेखाओं में नहीं।"

यह कहकर वनबिहारी बाबू कुर्सी से उठकर कमरे में चले गए।

मेरी नजर फिर विलास बाबू के पाँव पर चली गई।

बहुत सोचने के बाद भी ऐसा लम्बी उँगलीवाला पाँव कहाँ देखा है– नहीं याद आया।

10

दिन-भर में एक बार भी फेलू-दा से उस झकमक करनेवाली चीज के बारे में नहीं पूछ सका।

रात को गरचे पिताजी ने कहा, ''झटपट सो जाओ, तड़के ही जगना पड़ेगा।'' तो भी खा-पीकर बिस्तर-विस्तर लगाकर सोने में प्रायः दस बज गए।

रजाई के अन्दर जैसे ही दाखिल हुआ, हमारे अगल-बगलवाले दोनों कमरों के बीच दरवाजे से नाक बजने की एक विकट आवाज सुनाई पड़ी।

फेलू-दा ने कहा, ''विलास बाबू।''

मैंने पूछा, ''सो कैसे जाना?''

''क्यों, कल गाड़ी में भी बज रही थी, नहीं सुनी थी?''

गाड़ी में? विलास बाबू गाड़ी में भी थे? अरे! एक रहस्य का अचानक ही समाधान हो गया।

''वही अँगूठा!''

फेलू-दा ने मेरी पीठ पर धीरे-से चपत मारकर कहा, ''गुड!''

ठीक है। गाड़ी में हमारी बेंच के ऊपरवाले बर्थ पर रास्ते-भर वही चादर ओढ़े सोते आए थे। केवल पाँवों का छोर ही बाहर निकला हुआ था। इस अँगूठे को उसी समय देखा था।

लेकिन अब तो फेलू-दा से असली बात पूछनी पड़ेगी। पिताजी हिल-डुल रहे थे, इससे लग रहा था, वह अभी सोए नहीं हैं। पिताजी के सोए बिना यह बात पूछी नहीं जा सकती। लिहाजा और थोड़ा इन्तजार करना होगा।

धर्मशाला में क्रमशः और सन्नाटा होता आ रहा था और उसके साथ-साथ सारे शहर में। एक तो जाड़े के दिन, लोग-बाग यों ही जल्दी सो जाते हैं। हमारे कमरे में अँधेरा था। बाहर आँगन में शायद कोई रोशनी जल रही थी, उसी की आभा हमारे दरवाजे की चौखट पर पड़ रही थी। एक बार हमारे कमरे के फर्श पर खुट्-जैसा शब्द हुआ। चूहा-वूहा कुछ होगा।

पिताजी की खाट से अब जोर-जोर के निश्वास की आवाज आने लगी। समझ गया कि वह सो गए। मैं फेलू-दा की ओर मुड़ा। उसके बाद गले को बिलकुल उतारकर फुसफुसाकर पूछा, "वह अँगूठी ही थी, न?"

फेलू-दा जरा देर चुप रहा। उसके बाद एक लम्बा निश्वास छोड़कर मेरी ही तरह फुसफुसाकर बोला, "तूने जब जान ही लिया, तो अब तुझसे छिपाने का कोई मतलब नहीं होता। अँगूठी मेरे ही पास है, उस पहले ही दिन से। तुम सब लोग जब सो गए, तो धीरू काका के कमरे में खूँटी से लटकते हुए उनके कुरते की जेब से कुंजी निकालकर मैंने अलमारी से अँगूठी निकाल ली। डिबिया को नहीं लिया ताकि डेफिनिटली समझा जाए कि अँगूठी गई।"

"लेकिन तुमने अँगूठी ली क्यों?"

"इसलिए कि उसे हटा देने से असली डकैत को उकसाकर उसे पकड़ने में और भी सहूलियत होगी।"

"तो क्या वह संन्यासी अँगूठी लेने के लिए ही आए थे?"

"अम्बिका बाबू नहीं, दूसरे नकली संन्यासी। जिसके हाथ में अटैची थी। वही दरअसल चोरी करने आया था, पर गेट से ही उसने कमरे में एक दूसरे गेरुआधारी को जो देखा, सो चम्पत हो गया। उसके बाद वह ताँगे से स्टेशन गया। वेटिंग रूम में जाकर पोशाक बदल ली।"

"वह नकली संन्यासी कौन है?"

"मन में एक सन्देह है, पर अभी तक उसका सबूत नहीं मिला।"

"इतने दिनों से तुम इस अँगूठी को जेब में लिए घूमते रहे हो?"

"नहीं।"

"तो?"

"एक सुरक्षित जगह पर इसे रख दिया था।"

"कहाँ?"

"भूलभुलैया की एक ताख-सी जगह में रख दी थी।"

बाप रे बाप! कैसी भयानक बुद्धि! मैंने इतने दिनों के बाद समझा, फेलू-दा क्यों दूसरी बार भूलभुलैया गया था और वहाँ जाकर कुछ देर के लिए खो क्यों गया था? लेकिन तो भी मन में एक खटका-सा लगा रहा। पूछा, "लेकिन तुम तो भूलभुलैया का प्लान जानते नहीं थे!"

"पहले ही दिन उसका एक इन्तजाम कर लिया था। मेरे बाएँ हाथ की कनकी उँगली का नाखून बड़ा है, यह जानता है न? पहले ही दिन उसके अन्दर जाते समय भूलभुलैया की हर गली के मुँह पर दीवार में नाखून से 1, 2, 3–इस तरह से नम्बर लिख दिया था। यह अँगूठी 7 नम्बर की गली की ताख में थी। मैं जानता था, उससे सुरक्षित दूसरी जगह नहीं। इधर हरिद्वार आना था और अँगूठी को लखनऊ छोड़ जाऊँ–यह अच्छा नहीं लग रहा था। इसीलिए उस रोज जाकर उसे वहाँ से निकाल लाया।"

मेरी छाती फिर से धड़कने लगी। कहा–"लेकिन उस डकैत को अगर सन्देह हो कि अँगूठी तुम्हारे पास है?"

"सन्देह हो, तो रहे। कोई सबूत तो नहीं है। मेरा ख्याल है, सन्देह नहीं किया है, क्योंकि इतनी अक्ल उन्हें नहीं है।"

"तो फिर इस कदर तुम्हारे पीछे क्यों पड़ गए थे?"

"इसकी वजह है कि अँगूठी का लोभ वे छोड़ नहीं पा रहे हैं। और वे इस बात को जानते हैं कि जब तक मैं यहाँ हूँ, उनके हर मनसूबे को बेकार कर देने का दम मुझमें है।"

"किन्तु..." मेरा गला सूखकर आवाज लगभग निकल ही नहीं रही थी। किसी तरह से थूक घोंटकर तब कहीं मैं बात पूरी कर पाया–"इसका मतलब तो यह कि तुम पर भयानक विपत्ति आ सकती है।"

"विपत्ति के मुँह में कूद पड़ना ही तो फेलू मित्तिर का कैरेक्टर है।"

"लेकिन–"

"अब लेकिन रहने दे। सो जा।"

फेलू-दा ने चुटकी बजाई, जम्हाई ली और करवट बदल ली।

धर्मशाला में अब बिलकुल शान्ति थी। दूर रास्ते पर एक कुत्ता भौंक उठा। बगलवाले कमरे में लगातार नाक बजती जा रही थी। ऐसे में नींद आएगी। फेलू-दा की इक्का मार्का दियासलाई की डिबिया में धूप से झलमलाती बादशाही अँगूठी की बात हरगिज नहीं भूल पा रहा था। इस अँगूठी से फेलू-दा ने किस गजब के साहस से अपने को उलझा लिया है, यह सोचकर भी अचम्भा लगता है। लेकिन यह भी सही है कि वह अगर नहीं होता, तो अँगूठी चोरी भी चली जाती और चोर भी नहीं पकड़ा जाता। 'किर्‌किट्‌ किटकिट, किरकिर किटकिट, किर्र किटकिट किट...' की आवाज-सी बगल के कमरे से सुनाई पड़ी, लेकिन लग रहा था जैसे बहुत दूर से—रैटल्‌ स्नेक की आवाज सुनाई पड़ी हो। समझ गया कि वनबिहारी बाबू अपना प्रिय संगीत सुन रहे हैं।

और, उस झुमझुमी की आवाज सुनते-सुनते ही शायद नींद आ गई।

पिताजी ने ट्रेवलिंग क्लॉक में पाँच बजे का एलार्म दिया हुआ था। लेकिन मेरी नींद उसके बजने के कुछ पहले ही टूट गई। झटपट मुँह-हाथ धोया। चाय-वाय पीकर तैयार हो गया। साथ में खाने का सामान ले जाने की कहने पर श्रीवास्तव बोले, ''लछमन झूला में बिलकुल पुल के मुँह पर ही अच्छी-खासी पूरी-तरकारी की दुकान है। साथ में खाना लेने की कोई जरूरत नहीं।''

सबने ठीक से गरम कपड़े पहन लिए थे। रास्ते में सर्दी तो होगी ही और लछमन झूला की ऊँचाई ज्यादा है, इसलिए वहाँ यों भी यहाँ से ज्यादा सर्दी होती है।

पौने छह बजे एक-एक करके दो टैक्सी धर्मशाला के गेट पर आ खड़ी हुईं। देखा, हम लोगों के साथ-साथ विलास बाबू भी आए हैं। सुना, वह भी लछमन झूला जाने के लिए हम लोगों की टोली में शामिल हो गए हैं। किस टैक्सी पर चढ़ूँ, यह सोच रहा था कि ऐसे में वनबिहारी बाबू आगे आकर बोले, ''एक-एक में तीन-तीन आदमियों को बैठना होगा। जानवरों के बारे

में मेरे पास कुछ मजेदार कहानियाँ हैं, चाहें तो, तपेश बाबू मेरी गाड़ी पर आ सकते हैं।''

मैंने कहा, ''सिर्फ मैं क्यों, फेलू-दा भी सुनना चाहेगा।''

फेलू-दा ने कोई आपत्ति नहीं की। इसीलिए मैं, फेलू-दा और वनबिहारी बाबू एक गाड़ी पर और श्रीवास्तव, विलास बाबू तथा पिताजी दूसरी गाड़ी पर सवार हुए। देखा कि श्रीवास्तव से विलास बाबू की अच्छी पट गई है।

वनबिहारी बाबू ने सामने की सीट पर ड्राइवर के पास अपना काठवाला बक्सा रखा। बोले, ''इसी में मेरा अजगर आएगा।'' पीछे की सीट पर बीच में फेलू-दा और दोनों किनारे मैं और वनबिहारी बाबू। ठीक छह बजे हम लोगों की दोनों गाड़िया चल पड़ीं।

शहर छोड़कर खुली जगह तक पहुँचने में और भी पाँच मिनट लगे। सामने पहाड़। दाएँ देखने पर बीच में गंगा दिखाई दे रही थी। मेरा जी खुशी से भर उठा। वनबिहारी बाबू भी शायद खूब मौज में हैं, क्योंकि वह गुनगुना रहे थे। शायद अजगर की उम्मीद में उनके मन में यह उमंग थी।

केवल फेलू-दा को ही देखा कि एक बार चुप लगा गया है। क्या सोच रहा है वह? अँगूठी क्या अभी भी उसकी जेब में ही है?

पिताजीवाली टैक्सी हमारे आगे-आगे ही चल रही थी। पीछे के काँच से दिखाई दे रहा था, विलास बाबू श्रीवास्तव को क्या सब तो समझा रहे हैं। शायद हो कि इसी मौके से श्रीवास्तव अपना हाथ दिखा रहे हों।

वनबिहारी बाबू अचानक बोले, ''ओस-भीगे रास्ते से अभी भी धूल नहीं उठ रही है, लेकिन धूप तेज होते ही उड़ेगी। मेरा ख्याल है, उन लोगों को जरा आगे बढ़ जाने देना चाहिए—ऐ ड्राइवर, भैया जरा धीरे तो चलाओ।''

दाढ़ीवाले पंजाबी ड्राइवर ने वनबिहारी बाबू के कहे मुताबिक गाड़ी की चाल धीमी कर दी। नतीजा यह हुआ कि पिताजीवाली टैक्सी काफी कुछ दूर आगे बढ़ गई। धूल हो, चाहे जो हो, मैं चाह रहा था कि दोनों गाड़ियाँ पास-पास ही चलें। लेकिन वनबिहारी बाबू के आदेश के खिलाफ कुछ कहने का साहस नहीं हुआ। आखिर भले आदमी जानवरों की कहानी कब आरम्भ करेंगे।

एक गाड़ी पीछे से काफी कुछ देर से ही बार-बार हॉर्न बजा रही थी। वनबिहारी बाबू ने कहा, ''देखता हूँ, इसने तो तंग कर दिया–पास दे दो ड्राइवर, पास दे दो। नहीं तो मारे भोंपू के कान बहरा कर देगा।''

ड्राइवर ने मजबूर होकर अपनी गाड़ी को जरा बाएँ कर लिया और तुरन्त एक पुराने मॉडल की शेवरले गाड़ी हुश् करके हमारी गाड़ी के बगल से आगे निकल गई। जाते समय देखा, उस गाड़ी के पीछेवाली सीट पर बैठे एक आदमी ने मुँह निकालकर हम लोगों की तरफ देख लिया।

यह हम लोगों का पहचाना हुआ आदमी था–वही संन्यासी, जो बरेली तक हमारे साथ आया था।

11

हम लोगों ने यह पहले ही तय किया था कि पहले लछमन झूला चलेंगे। वहाँ काफी देर तक रहकर, दोपहर का खाना-वाना खाकर लौटते समय ऋषीकेश देखते आएँगे। सच पूछिए, तो ऋषीकेश के लिए मुझे बहुत अधिक उत्साह नहीं था। वह भी तो आखिर तीर्थस्थान ही है–पंडे, अली-गली, मन्दिर, घाट यही सब–सिर्फ गंगा का घाट जरा और तरह का है।

वनबिहारी बाबू ने अभी फेलू-दा वाला गीत शुरू किया था :

''जब छोड़ चले लखनऊ नगरी
तब हाल आदम पर क्या गुजरी!''

गाना बन्द करके वनबिहारी बाबू एकाएक बोल उठे–''इसी गीत की तर्ज पर ज्योति ठाकुर का एक बंगला गीत है, जानते हो?''

फेलू-दा ने कहा, ''जी, जानता हूँ–कतो काल रॉबे बलो भारत हे।''

''बिलकुल ठीक बताया।''

उसके बाद मेरी ओर मुड़कर वनबिहारी बाबू बोले, "Steal माने हरण, Horn माने सींग, Sing माने गाना, Gun माने बन्दूक, Come on माने आइए, I saw माने मैंने देखा–यह जानते हो?''

यह मैं नहीं जानता था। सुनकर बड़ा मजा आया और मन-ही-मन इसे याद कर लिया।

वनबिहारी बाबू बोले, ''इसी के लिए शायद 'गान' कहते ही मुझे बन्दूक की याद आ जाती है और बन्दूक कहते ही जिम् कारबेट की। शिकारी कारबेट को तो जानते हो न?''

फेलू-दा ने कहा, "जानता हूँ।"

"वह इन इलाकों में आदमखोर बाघों का शिकार कर गए हैं। कारबेट मुझे इतना क्यों पसन्द है, जानते हो? क्योंकि वह भी मेरी तरह जानवरों का स्वभाव समझते थे, उन्हें प्यार करते थे।"

इतना कहकर वनबिहारी बाबू फिर गुनगुनाने लगे।

गाड़ी लछमन झूला की ओर दौड़ती चली जा रही थी। बाएँ पहाड़, सामने पहाड़, दाएँ कभी-कभी गंगा दिखाई पड़ जाती थी, बीच-बीच में घना जंगल। आसमान में बादल घिर आए थे। सूरज कभी-कभी बादलों में छिप जाता और तभी हवा और भी ठंडी हो आती।

पहले मैं महज लछमन झूला की ही सोच रहा था, अब फिर बीच-बीच में अँगूठीवाली बात मन में जग-जग आने लगी। इन दो दिनों में बहुत सारी नई बातें जानीं, लेकिन अभी और भी बहुत कुछ जानना बाकी था। महावीर को यह सन्देह क्यों है कि प्यारेलाल की मौत स्वाभाविक नहीं हुई है? मरने से पहले प्यारेलाल चीखे क्यों थे? प्यारेलाल ने किस 'स्पाई' के बारे में कहना चाहा था? वह 'स्पाई' हम लोगों के चीन्हे-जाने लोगों में से कोई है या और कोई?

यही सब सोचते-सोचते मेरी नजर गाड़ी के सामनेवाले आईने पर चली गई। आईने में फेलू-दा दिखाई दे रहा था। वह एक अजीब पैनी निगाह से सामने की ओर जाने क्या देख रहा था।

अबकी मैंने कनखियों से फेलू-दा को देखा। देखा कि वह अपने सामने बैठे ड्राइवर को ही देख रहा है।

मेरी भी नजर आईने से घूमकर ड्राइवर पर गई और उधर नजर जाते ही मेरी छाती छक्-से कर उठी।

ड्राइवर की पगड़ी के नीचे और कोट के कालर के ठीक ऊपर गरदन में वही खरोंचवाला निशान।

यह निशान हम लोगों ने एक किसी और की गरदन पर देखा था।

वह था गणेश गुहा।

मैंने फिर फेलू-दा की तरफ ताका। देखा कि वह उधर से नजर हटाकर

खिड़की से बाहर देख रहा है। फेलू-दा को इतना गम्भीर मैंने कभी नहीं देखा।

क्वालिटी रेस्टूरेंट में गणेश गुहा ने कहा था कि वह वनबिहारी बाबू की नौकरी छोड़कर उसी दिन कलकत्ता जा रहा है और आज वह पंजाबी ड्राइवर बनकर हमें लछमन झूला लिए जा रहा है! एकाएक यह भी याद आया, यह टैक्सी वनबिहारी बाबू ने ही ठीक की है। तो...?

मुझसे और सोचा नहीं गया। मेरा दिमाग जवाब देने लगा। आखिर हम लोग कहाँ जा रहे हैं? लछमन झूला या और कहीं? गो कि उन्हें देखकर तो नहीं लगता कि उनके मन में किसी तरह की उत्तेजना या षड्यन्त्र है।

हठात् वनबिहारी बाबू के गले की आवाज से चौंक उठा।

"अब हम लोग बाईं ओर का एक रास्ता पकड़ेंगे। वह रास्ता उसी जंगल से गया है। कुछ ही दूर पर एक मकान मिलेगा। वहीं पर मेरे अजगर के मिलने की बात है। चलते वक्त देखता चलूँ। लौटते हुए उसे एक़बारगी इस बक्स में बन्द कर लूँगा। क्या ख्याल है फेलू बाबू?"

गजब के शान्त भाव से फेलू-दा ने कहा, "ठीक तो है।"

मुझसे लेकिन एक बात कहे बिना नहीं रहा गया–"लेकिन आपने तो कहा था कि अजगर लछमन झूला में है?"

वनबिहारी बाबू हो-हो करके हँस उठे। बोले, "यह लछमन झूला नहीं है, यह तुमसे किसने कहा, तपेश बाबू? हावड़ा कहने से क्या हावड़ा का पुल और उसका आस-पास भर ही समझा जाता है? लछमन झूला यहीं से शुरू हो गया। गंगा का पुल यहाँ से डेढ़ेक मील है।"

सखुरा के जंगल से, झाड़ियों से घिरे, लगभग दिखाई नहीं पड़ रहा था, ऐसे एक रास्ते से गाड़ी बाएँ को मुड़ी। मैंने गौर किया, ड्राइवर ने अब वनबिहारी बाबू के निर्देश की भी प्रतीक्षा न की–गोया उसे पहले से ही मालूम हो कि इसी रास्ते से जाना है।

"कैसा लग रहा है फेलू बाबू?"

वनबिहारी बाबू के गले में एक नया ही सुर था। बातों के पीछे जैसे एक दबी उत्तेजना छिपी हो।

"बहुत ही अच्छा!"

यह कहने के बाद ही फेलू-दा ने बाएँ हाथ से मेरे दाएँ हाथ को पकड़कर धीरे-से दबाया। मैं समझ गया, वह कहना चाह रहा था कि घबराने की कोई बात नहीं, मैं हूँ।

"रूमाल लाया है, तोपसे?"

फेलू-दा के इस सवाल के लिए मैं कतई तैयार नहीं था। सो कैसा तो हक्का-बक्का-सा हो गया।

"रू...माल?"

"रूमाल नहीं जानता है?"

"जानता हूँ—लेकिन, भूल गया।"

वनबिहारी बाबू ने कहा, "धूल के लिए कह रहे हो?" यहाँ लेकिन धूल कम होगी।"

"जी नहीं, धूल की नहीं—" कहकर फेलू-दा ने अपने कोट की जेब से एक रूमाल निकालकर मेरी जेब में डाल दिया। उसने क्यों ऐसा किया, मेरी समझ में नहीं आया।

वनबिहारी बाबू ने अपने टेपरिकार्डर को अपनी गोदी में रखकर उसे चला दिया। सखुरा के जंगल में हायना हँस उठा!

जंगल अब और घना हो आया। सूरज की किरण यहाँ नहीं पहुँच पा रही थी। यों ही तो बादल और गहरे हो आए थे। पिताजी वगैरह की गाड़ी अभी कहाँ है? वे लछमन झूला पहुँच गए क्या? यदि हम लोगों पर कुछ बीते तो उन्हें खाक भी खबर नहीं होगी। इसीलिए क्या वनबिहारी बाबू ने उन लोगों की गाड़ी को आगे नहीं बढ़ जाने दिया?

मन में जितना बल था, साहस था, सबको एक साथ मिला लेने की कोशिश की। जाने क्यों तो मैं यह महसूस कर रहा था कि फेलू-दा पर जितना भी भरोसा क्यों न हो चाहे, आज जिस स्थिति में उसे पड़ना पड़ेगा, उसमें उसकी सारी ही बुद्धि, सारी हिम्मत को लगा देने की जरूरत पड़ेगी।

गाड़ी अब और भी घने जंगल से चल रही थी। वनबिहारी बाबू अब गीत नहीं गा रहे थे। अब सिर्फ झींगुरों की झनकार तथा पहियों के नीचे

पड़नेवाली झुरमुटों की खस-खस सुनाई पड़ रही थी।

कोई दसेक मिनट चलने के बाद पेड़ों और पत्तों की फाँक में से कुछ दूर पर एक मकान दिखाई दिया। ऐसी जगह, इतने घने जंगल के बीच आखिर यह मकान किसने बनवाया? अचानक याद आया, मेरे दूर के नाते के एक चाचा हैं, जो सुन्दर वन में जाने कहाँ फारेस्ट अफसर हैं। सुना है, उनका भी ऐसा ही मकान है, घर के आसपास शेर चक्कर काटा करते हैं।

कुछ दूर और आगे जाने पर देखा कि मकान काठ का बना है और वह बड़ा पुराना है। यही नहीं, मकान एक मचान के ऊपर बना है। लकड़ी की एक सीढ़ी से उस मचान पर चढ़ना पड़ता है। बाहर से ऐसा लगता ही नहीं कि उसमें कोई आदमी रहता है।

हम लोगों की टैक्सी-गाड़ी उस घर के सामने जाकर रुकी। वनबिहारी बाबू बोले, "लग तो नहीं रहा है कि पांडे हैं। लेकिन अब जब इतनी दूर आ ही गए, तो अन्दर चलकर थोड़ी देर इन्तजार कर लें। हो सकता है, लकड़ी-काठी के लिए आस ही पास कहीं गए हों। निरे अकेले हैं न, सबकुछ खुद ही करते हैं। और, उन्हें जानवरों का उतना खौफ नहीं। मेरे ही जैसा। चलो फेलू-दा, चलो तपेश, अन्दर चलकर बैठें। नकली संन्यासी तो तुमने बहुत देखे। अब एक सच्चे साधु कैसे रहते हैं, सो देखो।"

हम तीनों गाड़ी से उतरे। फेलू-दा साथ नहीं होता, तो मेरे मन की हालत क्या होती, नहीं जानता। अभी भी जो भरोसा-सा है, वह बस एक ही कारण से है—फेलू-दा का लापरवाह भाव। तभी बार-बार जी में ऐसा हो आता है कि विपत्ति की चिन्ता दरअसल मेरी कल्पना है। असल में ड्राइवर वास्तव में पंजाबी ड्राइवर है और वनबिहारी बाबू बड़े अच्छे आदमी हैं और इस घर में वास्तव में पांडे जी नाम के एक साधु रहते हैं, जिनके पास बारह फुट लम्बा अजगर है और उसी को देखने के लिए ही वनबिहारी बाबू यहाँ आए हैं।

झुरमुटों और सखुए के सूखे पत्तों के ऊपर से चलते हुए काठ की सीढ़ी से हम लोग उस घर के अन्दर गए।

जिस कमरे में हम गए, आकार में वह हमारे ट्रेन के डिब्बे से ज्यादा

बड़ा नहीं था। घुसने के दरवाजे के सिवाय भी उसमें और एक दरवाजा है, जिससे पास के एक दूसरे कमरे में जाया जाता है। लेकिन लगा, वह दरवाजा बाहर से बन्द है। दोनों दरवाजों के उलटी तरफ दो झरोखे भी हैं। उन झरोखों से सखुआ का वन दिखाई पड़ रहा था। मकान की ऊँचाई एक आदमी की ऊँचाई से ज्यादा न होगी।

कन्धे से लटकते हुए टेपरिकार्डर को जमीन पर उतारकर वनबिहारी बाबू बोले, "पांडेजी का रहन-सहन जैसा सहज-सरल है, देख ही रहे हो।"

कमरे में एक टूटी हुई टेबिल, हत्था-टूटी एक बेंच और टिन की एक कुर्सी। फेलू-दा बेंच पर बैठा, इसलिए मैं भी उसकी बगल में बैठ गया।

वनबिहारी बाबू ने पाईप में तम्बाकू भरा, उसे सुलगाया, दियासलाई की काठी को खिड़की से बाहर फेंका और टीनवाली कुर्सी मजबूत है या नहीं, हाथ से दबाकर देख लिया फिर मुँह से आराम की एक आवाज निकालकर उस पर बैठ गए। उसके बाद पाइप में जोरों का एक कश लगाकर पूरे कमरे को धुएँ से भरकर दबे, लेकिन साफ और जोरदार शब्दों में कहा, "तो फेलू-दा बाबू, मेरी अँगूठी अब वापस मिलनी चाहिए।"

12

''आपकी अँगूठी?''

वनबिहारी बाबू की बात ने फेलू-दा को खूब ही अवाक् कर दिया है, यह मैं समझ गया।

वनबिहारी बाबू होंठों के कोने में पाइप और हलकी-सी हँसी लिए चुप बैठे रहे। बाहर झींगुरों की झनकार कम हो आई थी। फेलू-दा ने कहा, ''और, वह अँगूठी मेरे पास है, यह आपने कैसे जाना?''

अब वनबिहारी बाबू बोले, ''यह अंदाज मैंने बहुत दिन पहले ही कर लिया था। बिलकुल बाहर का एक आदमी आकर धीरू बाबू के सोने के कमरे से अलमारी खोलकर उससे अँगूठी को निकालकर ले जाएगा, यह मुझे शुरू से ही अविश्वसनीय-सा लग रहा था लेकिन तुम पर शक होने के बावजूद अब तक सबूत नहीं पाया था, अब सबूत मिल गया।''

''कौन-सा सबूत?''

वनबिहारी बाबू ने इस बात का कोई जवाब नहीं दिया। उन्होंने नीचे से टेपरिकॉर्डर को उठाया, अपनी गोदी पर रखकर उसके ढक्कन को खोल करके स्विच को दबा दिया। जो कुछ सुना, उससे मेरी नसों का रक्त पानी हो गया। चक्कर घूमने लगा और उससे मेरे और फेलू-दा के गले की आवाज निकलने लगी—''वह अँगूठी ही थी न?''

''तुझे जब मालूम हो ही गया, तो अब तुझसे छिपाने का कोई मतलब नहीं होता। अँगूठी मेरे ही पास है—वही, पहले ही दिन से।''

वनबिहारी बाबू ने खट्-से रिकॉर्डर का स्विच बन्द कर दिया। उसके

बाद बोले, "कल रात तुम लोगों के सोने से पहले ही मैंने माइक्रोफोन को तुम लोगों की खाट के नीचे रख दिया था। अवश्य मुझे यह नहीं मालूम था कि तुम लोग इसी विषय पर बातचीत करोगे, लेकिन अब जब बोल ही चुके हो, तो अब यह मौका भला हाथ से जाने दिया जा सकता है? तुम्हें इससे और ज्यादा किस सबूत की जरूरत है, फेलू बाबू?"

"लेकिन अँगूठी आपकी है, आप यह बात कैसे कह रहे हैं?"

टेपरिकॉर्डर को टेबिल पर रखकर, पाँव पर पाँव रखकर, कुर्सी पर पीछे ओठंग कर वनबिहारी बाबू ने कहा, "सन् 1948 में, यानी आज से अठारह साल पहले, कलकत्ते की नौलक्खा कम्पनी से दो लाख रुपए में मैंने यह अँगूठी खरीदी थी। उसके कुछ दिन बाद ही प्यारेलाल से मेरी जान-पहचान हुई। उन्हें इन सब चीजों का शौक है, यह बात उन्होंने मुझे बताई नहीं थी, लेकिन यह अँगूठी मैंने उन्हें दिखाई थी। इसे देखकर उनके आँख-मुँह की जो हालत हो गई, उसी से मेरे मन में एक सन्देह-सा हो गया था। उसके दो ही दिन बाद यह अँगूठी मेरे घर से गायब हो गई। पुलिस में खबर दी गई थी, लेकिन चोर पकड़ा नहीं जा सका। उसके बाद कई वर्षों तक लखनऊ रहा। मात्र उस दिन श्रीवास्तव के पास इस अँगूठी को देखा और जाना कि अँगूठी उन्हें प्यारेलाल ने दी है। प्यारेलाल को यह यकीन नहीं था कि पहली बार के दिल के दौरे से वह जी जाएँगे। इसीलिए चोरी के इस माल को उन्होंने चुपचाप दूसरे को दे दिया था। परन्तु उसके बाद वह चंगे हो गए। उनके चंगे हो जाने पर मैं उनसे मिलने गया। सोचा, वह अगर इस बात को मान लें और श्रीवास्तव से कहें, तो श्रीवास्तव मुझे यह अँगूठी जरूर ही दे देंगे। इसके लिए मैं श्रीवास्तव को कुछ रुपए भी देने को तैयार था। मगर अचम्भे की बात क्या हुई, जानते हो? प्यारेलाल चोरी की बात से साफ इनकार कर गए! बोले, 'आपके पास वैसी अँगूठी मैंने कभी नहीं देखी।' गो कि उस अँगूठी की रसीद तक मेरे पास अभी भी मौजूद है!"

अबकी फेलू-दा ने बात की और उसकी आवाज में डर का लेश भी नहीं था।

"लेकिन वनबिहारी बाबू, अब मैं आपसे एक प्रश्न पूछना चाहता हूँ,

आशा है, आप उसका उत्तर देंगे।"

वनबिहारी बाबू ने कहा, "पहले तुम यह बताओ कि वह अँगूठी अभी तक तुम्हारे ही पास है कि उसे तुम और कहीं रख आए हो? अपनी चीज मैं अपने ही हाथों वापस लेना चाहता हूँ।"

इस बार फेलू-दा के गले के स्वर में व्यंग-सा था–"...लेकिन इतने दिनों तक तो मेरे पीछे आदमी लगाने और मेरे पीछे हाथ धोकर पड़ जाने में तो आपमें उत्साह की कोई कमी नहीं देखी मैंने! आपके ये गणेश गुहा जी, जो आज दाढ़ी, पगड़ी लगाए पंजाबी ड्राइवर बने हैं, यही तो वह नकली संन्यासी हैं–हैं न? श्रीवास्तव के यहाँ जानेवाले डाकू भी तो वही थे और पहले दिन श्रीवास्तव पर धावा बोलने का भार भी तो उन्हीं पर था। अवश्य आगे चलकर श्रीवास्तव का पिंड छोड़कर उनको मेरे पीछे लगाया गया। रेजिडेंसी में गुलेल मारना, क्लोरोफार्म से मुझे बेहोश करने की कोशिश, धमकी भरा कागज फेंकना–यह सारा ही काम तो उन्हीं का है, है न?"

वनबिहारी बाबू जरा हँसकर बोले, "सब काम तो आखिर अपने से ही नहीं किया जा सकता है, फेलूराम! फिर गणेश की तन्दुरुस्ती अच्छी है, क्योंकि एक समय उसने सर्कस में बाघ-सिंह हैंडल किए हैं। लिहाजा ऐसी हिम्मतवरी का काम वह अच्छा ही करता है और मैं यह भी कहूँगा कि मेरे हुक्म से यह सब काम करके उसके जो कसूर किया है, तुम्हारा कसूर उससे कहीं ज्यादा बड़ा है। अँगूठी पर तुम्हारा कोई अधिकार ही नहीं है। वह मेरी चीज है, मेरी प्रॉपर्टी और वह मुझे वापस मिलनी चाहिए, आज ही, अभी!"

आखिरी बातें वनबिहारी बाबू ने चीखकर कहीं। मन में हिम्मत बटोरने की काफी कोशिश के बावजूद मेरे हाथ-पाँव कैसे तो ठंडे होते आ रहे थे।

फेलू-दा का जवाब लेकिन सख्त स्वर में आया–"खून का मुजरिम बनने के बाद वह अँगूठी क्या आपके किसी काम आएगी?"

वनबिहारी बाबू काँपते-काँपते कुर्सी से उठ खड़े हुए।

"तुम तो कुछ कम बे-अदब नहीं हो, छोकरे! जिसे-तिसे झट खूनी कह देते हो!"

"जिसे-तिसे खूनी क्यों कहने लगा! मेरा विश्वास है, मैं खूनी को ही

खूनी कह रहा हूँ। आप प्यारेलाल की वह 'स्पाई' वाली बात जरा खोलकर कहेंगे क्या? परसों आपकी बातों से मुझे लगा कि उसके बारे में आपको कुछ मालूम है।''

वनबिहारी बाबू एक सूखी-सी हँसी हँसकर बोले, ''वैरी सिंपुल! मैंने अँगूठी की खोज-खबर के लिए उनके पीछे कुछ आदमियों को लगा रखा था। प्यारेलाल ने निश्चय ही उन लोगों के बारे में कुछ कहना चाहा था।''

''मैं यदि यह कहूँ कि प्यारेलाल के 'स्पाई' से गुप्तचर का कोई वास्ता नहीं?''

''मतलब? क्या कहना चाहते हो तुम?''

''प्यारेलाल को जिस दिन दिल का दूसरा दौरा पड़ा, आप उस दिन सबेरे उनके यहाँ गए थे, गए थे न?''

''उससे क्या हुआ? मेरे जाने से ही उन्हें दौरा पड़ा? उनके यहाँ तो मैं पहले भी जाता रहा था।''

''उस समय तो खाली हाथ जाते रहे। लेकिन इस अन्तिम बार आप खाली हाथ नहीं गए थे। आपके साथ एक बक्स था और उस बक्स में था आपके चिड़ियाखाने का वह विशाल विषैला अफ्रीकी मकड़ा—ब्लैंक विडो स्पाइडर, है न? प्यारेलाल ने कहना चाहा था—स्पाइडर—लेकिन उस हालत में पूरे शब्द का उच्चारण करना सम्भव नहीं हो सका। इसीलिए 'स्पाइडर' का 'स्पाई' ही रह गया।''

वनबिहारी बाबू का चेहरा अचानक बदरंग हो गया।

वह फिर कुर्सी पर बैठ गए। बोले, ''लेकिन उन्हें मैं मकड़ा दिखाकर करता क्या आखिर?''

फेलू-दा ने कहा, ''प्यारेलाल को तिलचिट्टा देखकर धड़कन होती थी। आप शायद मकड़ा दिखाकर उन्हें डराकर अँगूठी ले लेना चाहते थे, लेकिन हो गया बिलकुल हार्ट ऐटेक और उससे हो गई उनकी मौत! इस मौत के लिए आपके सिवा और कौन जिम्मेदार है? और आपका कहना है, अँगूठी आपने खरीदी थी और प्यारेलाल ने उसे चुराया था। मगर मैं अगर यह कहूँ कि प्यारेलाल ने अँगूठी खरीदकर अठारह साल पहले कलकत्ता में आपको

दिखलाई थी? तभी से आपके दाँत उस अँगूठी पर गड़े थे और आपके मकान के उस तालाबन्द कमरे में ऐसी और भी बहुत-सी पुरानी चीजें आपकी हैं, और उन सब चीजों को चोर-डकैतों से बचाने के लिए ही आपने वह चिड़ियाघर बना रखा है?''

वनबिहारी बाबू ने गहरे स्वर से कहा, ''तुम्हारा और क्या विश्वास है, मैं सुन सकता हूँ क्या?''

फेलू-दा ने गम्भीर आवाज में कहा, ''मेरा विश्वास है, उस बादशाही अँगूठी को अब आप कभी भी नहीं देख पाएँगे और भविष्य में आपके लिए इस अपराध की सही सजा लिखी है।''

''गणेश!''

वनबिहारी बाबू के गम्भीर चीत्कार से काठ का सारा घर गूँज उठा।

फेलू-दा ने झट कहा, ''मुँह पर रूमाल दबा।''

उसने यह बात क्यों कही, नहीं जानता, लेकिन मैंने फौरन जेब से फेलू-दा के दिए रूमाल को निकालकर मुँह पर रख लिया।

गणेश गुहा कमरे के अन्दर आया। उसके हाथ में काठ का वही बक्सा था। देखा कि वनबिहारी बाबू टेपरिकार्डर को लेकर दरवाजे की ओर पीछे हटते जा रहे हैं।

फेलू-दा ने अपनी जेब से रूमाल निकाला और उसके साथ मंजन की वही डिबिया। जिस पर लिखा था—दशंसंस्कार चूर्ण।

गणेश गुहा बक्से को जमीन में रखकर उसके ढक्कन को खोलकर जैसे ही पीछे हटे कि फेलू-दा ने तुरन्त उस डिबिया के ढकने को खोलकर उसके अन्दर से जाने क्या तो चूरा-सा मुट्ठी में लेकर गणेश और वनबिहारी बाबू की ओर झट फेंक दिया और रूमाल से अपना मुँह दबा लिया।

मेरे रूमाल में खुली जगह से जो ज़रा-सी बू मिली, उससे लगा कि काली मिर्च की बुकनी है।

काली मिर्च की वह बुकनी उन दोनों के नाक-मुँह में जो गई कि उनकी क्या गत हुई, कहकर नहीं समझा सकूँगा। पहले तो पीड़ा के मारे दोनों का मुँह ऐंठ गया, उसके बाद शुरू हो गई दोनों की छींक और चीख। वनबिहारी

बाबू लड़खड़ाते हुए दरवाजे के बाहर गए और सीढ़ी से लुढ़कते हुए एकबारगी नीचे जमीन पर जा गिरे। गणेश गुहा की भी लगभग वही हालत। फिर भी भागते-भागते वह किसी तरह से दरवाजे को खींचकर हम दोनों को कैदी बना गया।

हमने उस खुले बक्स की ओर देखा। देखा कि उसमें से साँप का फन ऊपर को निकला है और साथ ही शुरू हो गई वही हड्डी कँपानेवाली आवाज–"किर्रर्, किट्-किट्-किट्, किर्रर् किट्-किट्-किट्–"

फेलू-दा ने मुझे उठाकर बेंच पर खड़ा कर दिया और फेलू-दा खुद भी बेंच पर चढ़कर खड़ा हो गया।

बहुत ज्यादा डर लग जाने से एक अजीब बात होती है, यह मैंने इस वक्त समझा। जिससे डर लगता है, आँखें मानो उसी पर चली जाती हैं या हो सकता है, साँप में सचमुच ही सम्मोहित करने की शक्ति होती है। दिमाग झनझना रहा था। उसी हालत में मैंने देखा, साफ देखा, रैट्ल स्नेक बक्से से बाहर निकलकर झुमझुमवाली आवाज करके इधर-उधर देखता रहा, फिर उसने अपनी आँखें हमारी ओर कीं, उसके बाद लकड़ी के फर्श पर आड़ा-टेढ़ा चलता हुआ हम लोगों वाली बेंच की ओर लगभग जैसे हम लोगों पर ही ताक लगाकर बढ़ने लगा।

मैंने अनुभव किया, मेरी आँखों की दृष्टि धीरे-धीरे धुँधली होती जा रही है। साँप जब हम लोगों से महज तीन हाथ दूर पर रह गया तो सहसा लगा जैसे गाज गिरी और वह गाज मानो हमारे इस कमरे में ही गिरी। आँखें चौंधियानेवाली एक रोशनी कौंधी, कान फाड़नेवाली एक आवाज हुई और उसके बाद ही बारूद की गन्ध।

और साँप?

देखा कि साँप का माथा चूर होकर धड़ से अलग गिर पड़ा है। वह झुमझुम आवाज दो-एक बार होकर थम गई।

उसके बाद फिर कुछ याद नहीं।

जब होश आया तो देखा, मैं सखुए के जंगल में ही एक दरी पर लेटा हूँ। कपाल और माथा कुछ ठंडा-ठंडा-सा लग रहा है। समझ गया कि पानी

के छींटे पड़े हैं। पहले श्रीवास्तव का ही चेहरा दीखा, उसके बाद पिताजी का।

''कैसे हैं तपेश बाबू।''

आवाज सुनकर चौंका। पलटकर देखा—महावीर! लेकिन बदन पर गेरुआ पोशाक क्यों?

महावीर ने कहा, ''गाड़ी पर बरेली तक साथ ही आया और पहचान नहीं सके?''

यह आदमी तो गजब का मेकअप करता है! दाढ़ी-वाढ़ी के साथ उसे सचमुच ही नहीं पहचान सका था और गले की आवाज, बोलने के ढंग को भी बदल डाला था।

महावीर ने कहा, ''रिवॉल्वर का मेरा निशाना देख लिया न? असल में जिस दिन हम लोगों ने भूलभुलैया देखा और उन्होंने कहा कि वह मुझे नहीं पहचानते, मुझे उसी दिन से वनबिहारी बाबू पर सन्देह हो गया था। क्योंकि कलकत्ते में वह हमारे यहाँ बहुत बार आए थे, मुझसे उन्होंने बातें भी की थीं। एक दिन पिताजी से बहुत कहासुनी हो गई थी, उसी अँगूठी के लिए। वह भी मुझे कुछ दिन पहले याद आया।''

पिताजी ने कहा, ''तुम लोगों को आने में जब काफी देर हुई तो लछमन झूला से हमने गाड़ी घुमाई और टॉयर का निशान देखते हुए जंगल के रास्ते पर आए।''

''और, वे दोनों कहाँ गए?''

''काली मिर्च की फाँस से बेतरह सजा भोगी। फेलू के ब्रह्मास्त्र की मिसाल नहीं। वे लोग अब पुलिस के हवाले हैं।''

''पुलिस कहाँ से आ गई?''

''साथ ही तो थी। विलास बाबू तो असल में इंस्पेक्टर गरगरी हैं!''

गजब है! हाथ देखनेवाले सज्जन ही इंस्पेक्टर गरगरी हैं!

इस अनोखे ढंग से अँगूठी की घटना खत्म होगी, सोच ही नहीं सका था।

लेकिन फेलू-दा? फेलू-दा कहाँ?

उसकी बात याद आते ही मेरी आँखों में कौंध-सी दमक दमकी। देखा, फेलू-दा उँगली में अँगूठी पहने एक खुली जगह में खड़ा है और पेड़ के पत्तों के बीच से आती हुई सूरज की रोशनी को अँगूठी के हीरे पर डालकर रिफ्लेक्ट करके मेरी आँखों पर मार रहा है।

मैंने मन-ही-मन कहा, 'इस अँगूठी के रहस्य के समाधान में वास्तव में अगर कोई बादशाह हुआ, तो वह फेलू-दा ही है।'

●●●